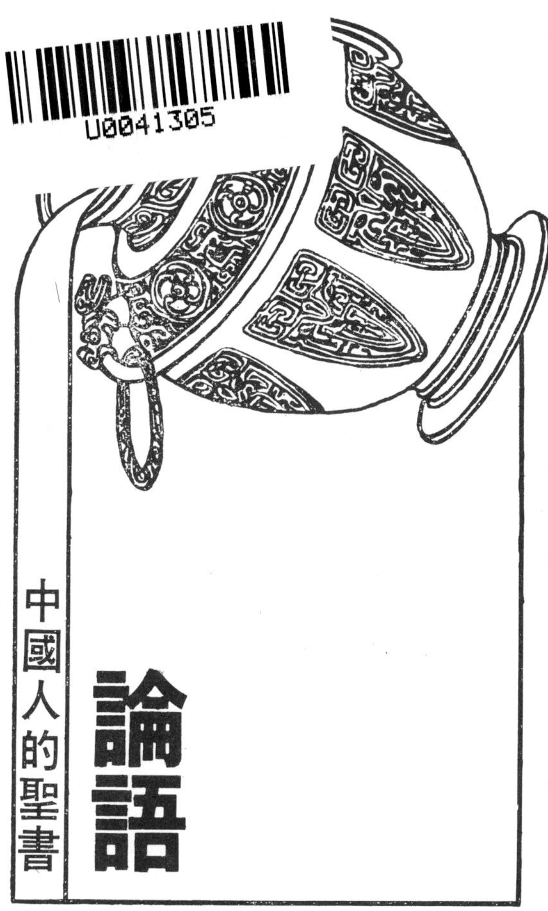

ISBN 957-13-1564-8

原著者簡介

論語

論語這部書，大部分是孔子和他的門人或別人的談話。這些談話，最原始的記錄應是出於孔子的門人。

論語的編集，當在孔子歿後若干年；而論語裏已經稱孟敬子的謚（人死後才有謚），自然不是孟敬子生前編定的。想來論語的編定已是孔子歿後的四、五十年，甚至晚到戰國時了。

編撰者簡介

宋淑萍

國立臺灣大學中國文學研究所碩士班畢業。

現任：臺大中文系副教授。

著作：論孟中「若是」「如斯」「如新」「若此」等詞用法的探討、孟子集注補正、韓非與荀子思想之比較、有關「誘」「誧」「誺」與「茍」「苟」的形義問題、論商君書的成書時代、韓非子思想中的名實問題、先秦學術的萌芽、先秦儒法政治思想的基本差異。

致讀者書

親愛的朋友：

現在你打開了書頁。讓我們先恭喜你：你已經把握了知識的鑰匙。

論語是中國經典中，最好的一部。因爲論語是中國古代最偉大的聖人的言行錄，也是中國文學中最好的傳記書。對於這兩點，只要你看完現在手上的這本書，你就一定能充分了解並加以認可。

論語這部書，大部分是孔子和他的門人或別人的談話。這些談話，最原始的記錄應該是出於孔子的門人。在孔子歿後若干年，門人開始編集的工作，論語裏已經稱孟敬子的諡（人死後才有諡），自然不是孟敬子生前編定的，想來論語的編定已是孔子歿後的四、五十年，甚至晚到戰國時了。

現在論語的篇名都是取首章的兩字或三字以爲題識的。如果說二十篇、和每篇裏各章的先後次序，都有意義；那恐怕不會的。當然，有許多地方我們可以看出編纂的人的用意；譬如，以「學而」始，這不能說編纂人沒有存心這樣做。

論語的記載雖然簡單，但是論語的價值可以用「言簡意微」來說明；而它在歷史上的意義是歷久彌新的，而從橫斷面來看論語，許多道理是放諸四海而皆準的。由於它是一部對話錄，所以每每可以很生動的凸現出說話當時的情景而引人入勝；而由於談話內容的豐富，可以給我們多方面的啓示。

我自己在大學讀書的時候，曾修毛子水敎授開的論語課程，那時就深覺論語是一部值得再三研讀的好書。後來毛敎授寫「論語校注」及應商務印書館之請作「論語今註今譯」，我有幸做一些校讀和抄錄的工作，這個工作使我對論語這部書有機會加以更深入的思考。如今我自己來寫作介紹論語的文字，由於恐怕有違聖人意旨，內心是非常惶惑的。後來承毛敎授的鼓勵才敢大膽下筆；毛敎授囑咐我可以儘量用「論語今註今譯」裏的意見，這是我十分感激的。由於時限的關係，許多地方也無暇細細推敲，想來錯誤的地方一定很多，盼望你的批評和指正。

目錄

論語

中國人的聖書

前言

一、這部書分孔子、學、孝弟、仁、禮、政、各言其志（包括：各言其志、過而不改、直、惑、交友、使乎使乎、短文妙趣、子在川上。）七部分，分別敍述。

二、這部書所用的經文大體以朱熹論語集注本爲主，而校以邢疏本、皇疏本、正平本以及釋文本。

三、所引經文都加附注。所引注釋包括朱注（朱熹論語集注）、集解（何晏等論語集解。集解中原有姓氏的，標原氏，如「包曰」「鄭曰」「王曰」「孔曰」等是；這些標記上，不再加「集解」二字。如原爲何晏等所自注，則引文上標

「集解」。）、皇疏（皇侃論語義疏）、邢疏（邢昺論語注疏解經）、劉疏（劉寶楠、劉恭冕父子論語正義）等。其餘引文，則標明書名或著者姓名，或同時並舉。如引禮記後引鄭玄的禮記注，則只標「鄭注」；引說文解字後引段玉裁的說文解字注，則只標「段注」。餘類推。如加「按」，則是作者按語。

四、所引經文大部都附翻譯。翻譯中加〔　〕以完足語意。

五、論述分段敍述。但有時以○分隔而不另立一段。

六、這部書的取材，都以符合時代精神、意義的為原則；比如：孔子論孝，也講「三年無改於父之道」，乃是就繼承君位（包括諸侯和卿大夫）的人講的，我們自不必陳敍。

七、標點符號的使用，儘量從俗，依通常的習慣。但是引用他人的話，如果加「」號，則曰下用「，」，否則用「……」。（例如：子曰，「女奚不曰：其為人也，發憤忘食，樂以忘憂，不知老之將至云爾……」）

孔子——仰之彌高、鑽之彌堅

孔子（周靈王二十一年—周敬王四十一年，公元前五五一—四七九）魯人（山東曲阜），父叔梁紇、母顏徵在㈠。孔子年幼時就沒了父親㈡，孔子自己說「吾少也賤」㈢，這話多少因他年幼失怙而出。孔子雖然自小貧賤，但他並不因此而自暴自棄；相反的，由於他的好學，他使自己挺立於天地之間，成爲一位人人景仰的聖人，這種不向命運屈曲、自立自強的精神，實在令人敬服。孔子名丘，字仲尼㈣；古代對人尊稱「子」，所以稱孔子。我們試從論語，來看孔子：

一

子曰，「十室之邑㊄，必有忠信如丘者焉；不如丘之好學也。」（公冶長）

孔子說，「就是一個很小的地方，也必有生來像我一樣忠信的人，〔如果他不及我，就在〕他不像我那麼好學。」

子曰，「德之不脩，學之不講，聞義不能徙，不善不能改：是吾憂也。」㊅（述而）

孔子說，「德行不能修明，學問不能講習，聽到好的道理不能好好去做，有過不能改，這都是我最憂患的。」

葉公問孔子於子路，子路不對。子曰，「女奚不曰：其爲人也，發憤忘食，樂以忘憂，不知老之將至云爾！」㊆（述而）

葉公向子路問起孔子。子路沒有回答。孔子對子路說，「你何不對他說：他的爲人，發憤向學幾乎忘食，樂道忘憂，〔他沉醉在這一切中，以至〕不知歲月悠悠、老之將至！」

子曰，「若聖與仁，則吾豈敢。抑爲之不厭，誨人不倦，則可謂云爾已矣。」

公西華曰，「正唯弟子不能學也。」㈧（述而）

孔子說，「說到仁、聖，那我怎麼敢當。我不過是學不厭，敎不倦，只是如此罷了。」公西華說，「這正是弟子學不來的。」

子曰，「莫我知也夫！」子貢曰，「何爲其莫知子也？」子曰，「不怨天，不尤人，下學而上達：知我者其天乎！」㈨（憲問）

孔子說，「沒人了解我！」子貢說，「爲什麼沒人了解老師呢？」孔子說，「我不怨天、不怪人，我講求很普通的道理、事物，却能從這些普通的道理、事物中體會很高的境界。了解我的恐怕只有老天爺吧！」

一個人要提高個人的人生境界、改善他的爲人處事的態度，學，是唯一的途徑。孔子一生重視學——無論是他個人方面的學習或是幫助有心向學的人——這種態度的堅持，是後人崇敬孔子最重要的理由。孔子一生以敎、學爲職志，但是他從不自滿自誇；這種自我鞭策的精神，正是一個人學不厭、敎不倦的原動力。

子曰，「默而識㈩之，學而不厭，誨人不倦，何有於我哉！」（述而）

孔子說，「默記所聞見的，好學不厭，誨人不倦，那一樣是我所有的！」

子曰，「吾有知乎哉？無知也。有鄙夫問於我，空空如也，我叩其兩端而竭焉。」㊉（子罕）

孔子說，「我無所不知嗎？並不是的。一個樸實的人向我請教，誠懇極了，我從兩端反問他而竭盡所能告訴他。」

述而篇另外載有孔子的話：「多聞，擇其善者而從之；多見而識之：知之次也。」孔子雖不是生而知之，但篤志向學、努力不懈，開科授徒、有教無類；記誦之學，本不是聖的極至，孔子都不敢當，真是謙而又謙了。所謂「有容乃大」，江海能受百川水，是因爲江海處卑下，謙卑是學而有成的重要因素。下面記載在述而篇的故事，可以讓我們體認孔子接受批評的雅量、認過改過的態度：

陳國的司敗（左文十年傳杜注：「陳楚名司寇爲司敗。」）有一回問孔子：「魯昭公知禮嗎？」孔子說，「知禮。」孔子退下後；陳司敗對孔子的弟子巫馬期作了一揖，並且很不以爲然的說，「我聽說君子不黨；君子也有私心嗎？依禮：同姓是不婚的；魯國國君從吳國迎娶一位小姐，魯國和吳國都是姬姓的，同姓通婚，這是違犯禮的，爲了隱諱這違禮的行爲，只好稱這位小姐爲『吳孟子』。如果魯昭公可以算是知禮，那誰不知禮！」巫馬期把陳司敗的話一一轉告了孔子。孔子並不曾惱怒，相反地，他說，「我真幸運，如果我犯了過失，一定有人看出來。」

二

子曰，「貧而無怨難，富而無驕易。」⑫（憲問）

孔子說，「一個人貧困却不怨，難；富貴而不驕慢，易。」

子曰，「富而⑬可求也，雖執鞭之士，吾亦爲之；如不可求，從吾所好。」（述而）

孔子說，「富貴如果是可以求得來的，那即便是執鞭趕車的賤差，我也做；如果是求不來的，那還是依我所好。」

子曰，「飯疏食飲水，曲肱而枕之，樂亦在其中矣。不義而富且貴，於我如浮雲。」⑭（述而）

孔子說，「吃粗食、喝白水，手臂一彎就是枕頭，〔生活雖然清苦，但是〕樂趣也就在其中了。不當得的富貴，就像天上的浮雲一樣。〔不是我所關切的。〕」

前面我們提過孔子少年貧賤，一個人少年時代忍受貧苦的生活，其中苦況自然是記憶深刻的——少年時代生活較單純，所以所經歷的事物每每歷久彌新；年紀大了，生活圈子大了，生活複雜了，可記憶的反倒少了，不是嗎！所以對孔子來說什麼是生活！什麼是貧賤！他是身受的，他深深了解一個人貧賤而不怨天尤人，是要經過多少心理的掙扎，才能戰勝環境、戰勝自己，而淡然處貧賤——這也就是孔子在那麼多弟子中特別嘉許顏淵的原因吧！一個貧困的人，自然希望脫離貧困——誰不希望富貴！但是孔子他還考慮到「義」——正當與否的問題。如果是可求的富，卽便爲賤役也可求，孔子絕不以爲一個人非守貧不可，他決不這麼執着！事實上泰伯篇上記著：孔子說，「邦有道，貧且賤焉，恥也。」國家有道，就當用世，如果落得貧賤不堪，是可恥的！如果正當的方法不能求得富貴，比如說國家無道，就當安貧樂道，從己所好。呂氏春秋愼人篇上說得好：「古之得道者，窮亦樂，達亦樂。所樂非窮達也；道得於此則窮達一也，爲寒暑風雨之序矣。」這裏的「爲」是

「若」「好像」的意思。一個人能從其所好，窮達已經是次要問題了，人生有窮達，就好比自然有寒暑風雨一樣，一切都是自自然然的，我們也當坦然接受。別人的嘲笑對愛迪生並不具意義，也不能構成煩惱或使他萌生退意，因爲研究、發明是他所好的，是他的興趣所在。

三

季文子三思而後行。⑮子聞之曰，「再，斯可矣。」（公冶長）

季文子凡事三思而後行。孔子聽了說，「再思，也就夠了。」

子之武城，聞弦歌之聲，夫子莞爾而笑曰，「割雞焉用牛刀。」子游對曰，「昔者偃也聞諸夫子曰：君子學道則愛人，小人學道則易使也。」子曰，「二三子，偃之言是也。前言戲之耳。」⑯（陽貨）

孔子到了武城，聽到琴瑟吟誦之聲，孔子微笑著說，「殺雞那用得著牛刀。」子游回答說，「從前偃聽老師說：在上位的學道就知道愛人，小百姓懂得道理就比較容易治理。」孔子說，「各位，偃的話不錯的，剛才的話是開玩笑的。」

子曰，「道不行，乘桴浮于海，從我者其由與。」子路聞之喜。子曰，「由也好勇過我，無所取材。」㊆（公冶長）

孔子說，「道不行，乘了竹木筏江海寄餘生吧，跟我的恐怕就是仲由了吧！」子路聽了，滿心歡喜。孔子說，「由呀，你倒比我有勇氣，不過上那兒找竹木編筏子呢！」

子曰，「衣敝縕袍與衣狐貉者立，而不恥者，其由也與。不忮不求，何用不臧！」子路終身誦之。子曰，「是道也，何足以『臧』。」㊅（子罕）

孔子說，「穿了破袍子和穿著狐貉皮袍的人站在一起，而不覺得難爲情的，恐怕只有仲由吧！〔那正是詩上說的：〕不忮不求，何用不臧！」子路整天唸著。孔子說，「這兩句詩值得整天唸麼！」

「唐棣之華，偏其反而。豈不爾思？室是遠而。」子曰，「未之思也夫！何遠之有！」㊈（子罕）

「唐棣花呀！翩然搖晃。那是不想你，兩地相隔太遙遠。」孔子聽了說，「還是不想吧，〔如果真有心，〕那還有什麼遠不遠。」

原壤夷俟。子曰，「幼而不孫弟，長而無述焉，老而不死，是爲賊。」以杖

叩其脛。㊉（憲問）

原壤蹲著等孔子。孔子說，「年輕的時候不恭遜，年紀大了也無可稱述的，老了還白吃飯，真是禍害。」用杖敲了敲他的腳脛。

孔子是古今公認的聖人，由於他是聖人，我們不但把他聖化了，甚至把他神化了，他儼然不可犯的，他的話都是聖旨，玩笑不得！可是老夫子明明說「前言戲之耳」！孔子看見子游以禮樂施敎，並且成績卓然，能不衷心歡悅嗎！可是他微笑著開了個玩笑。「季文子三思而後行」的話，可能是季孫自說或時人稱季孫的話。「三思」應該和「愼思」一樣，未必一定是三。孔子這批評，也是一時興到，向門人說句戲言罷了。孔子何必計較那一思呢！實在多思少思，要因事而異；事有須千思百思的，亦有一思便可的！孔子偶然隨便一句話，就使子路「喜」，這一個喜字，不知包含多少興奮踴躍，孔子看在眼裏，又不便責備，只好幽他一默了！子路整天口喃喃「不忮不求，何用不臧！」有人整天唸「豈不爾思，室是遠而。」孔子聽得膩了，也只好用幽默話堵堵他們的嘴！老交情了，可是他那麼沒禮數！不成話，這蹲著等人成何體統，敲敲腳脛，「老沒長進！」從這裏我們不得不佩服論語的高度寫作技巧——真是呼之欲出、栩栩如生！當然我們更欣賞孔子的高度幽默感——不慍不火、恰到好處。

四

子路宿於石門。晨門曰，「奚自？」子路曰，「自孔氏。」曰，「是知其不可而爲之者與？」㊂（憲問）

子路在石門過了一夜。管城門的問道，「你從那兒來的？」子路說，「從孔家。」管城門的說，「就是那位明知不可爲却還要去做的先生嗎？」

子曰，「朝聞道，夕死可矣！」㊂（里仁）

孔子說，「如果能夠看到天下太平，就是馬上死也甘心。」

子曰，「甚矣，吾衰也！久矣，吾不復夢見周公！」㊂（述而）

孔子說，「我真衰老得厲害呀！好久了，我沒再夢見周公！」

子曰，「鳳鳥不至，河不出圖：吾已矣夫。」㊃（子罕）

孔子說，「鳳鳥不來，河也不出圖：我希望天下太平的心願怕是完了！」

子貢曰，「有美玉於斯，韞匵而藏諸？求善賈而沽諸？[二五]」子曰，「沽之哉！沽之哉！我待賈者也！」（子罕）

子貢說，「在這裡有一塊美玉，擺在櫃子裏藏起來？還是找個好價錢賣了？」孔子說，「賣了它！賣了它！我是等著別人出好價錢！」

孔子所處的時代，是一個特別亂的時代，臣弑其君、子弑其父，巧言令色、越分僭禮；一個「大道之行也」的國家或世界的實現，是孔子所切盼的。孔子在匡的地方受了危難，他說，「文王死了以後，文化的傳統不都在我身上嗎？」（見子罕篇）這一種強烈的使命感，使孔子發了「朝聞道，夕死可矣！」的感歎，而且由此更使我們領會孔子憂世憂民的苦心！「太平盛世」是孔子所念念的；文武盛世，自然亦是孔子所念念的，所以孔子自不能不常常想到周公，既常常想到，便會常常夢到。到了暮年，壯心未已，既是個「知其不可而爲之」的人，對澄清天下的重擔，自然放不下，這真是「任重道遠、死而後已」了。所以年紀大了、衰老了，但是還是不能忘懷於夢見周公。而由孔子這一歎使我們領會孔子一生一世志在天下太平的心志。春秋戰國的時候，可能已流行着鳳鳥河圖是太平盛世的瑞應的話了，孔子隨俗用以寄歎；而從孔子的歎息中，我們可以了解：孔子生平最大的寄望就是天下太平；因爲一心希望天下太平，所以成了一個「知其不可而爲之」的人。孔子既然希望天下太平，他個人自然不會拒絕用世，事實上他周遊各國，就是希望有機會施展抱負；所以孔子對子貢的問題，回答說，「沽之哉！沽之哉！」重複「沽之哉」，像在說，「賣！賣！」話急而意決，承一句緩語「我待賈者也」，透著一種風趣，也寫出孔子濟世的熱切衷腸。

微生畝謂孔子曰，「丘，何爲是栖栖者與！無乃爲佞乎？」孔子曰，「非敢爲佞也，疾固也！」㉖（憲問）

微生畝對孔子說，「丘，爲什麼那麼栖栖皇皇的，莫非是要逞口舌去討好人家？」孔子說，「我不敢逞口舌，我只是恨世人的固陋，想法要改變他們。」

陳成子弑簡公。孔子沐浴而朝，告於哀公曰，「陳恆弑其君，請討之！」公曰，「告夫三子！」孔子曰，「以吾從大夫之後，不敢不告也；君曰：告夫三子者！」之三子告，不可。孔子曰，「以吾從大夫之後，不敢不告也。」㉗（憲問）

陳成了殺了齊簡公。孔子齋戒沐浴鄭重的上朝向魯哀公報告說，「陳恆殺了他的國君，請出兵討伐他！」哀公說，「你去告訴他們三位！」孔子（退朝後）說，「因爲忝爲大夫，所以不敢不把這事報告君上；君上却說『告訴他們三位』！」孔子到三家那裏去講，三家都不贊成。孔子說，「因爲我忝爲大夫，不敢不據實來告。」

衞靈公問陳於孔子。孔子對曰，「俎豆之事，則嘗聞之矣；軍旅之事，未之學也。」明日遂行。㉖（衞靈公）

衞靈公向孔子問戰陣征伐之事。孔子回答說，「禮儀方面的事情，我曾學過；戰陣方面的事情，我沒學過。」第二天便離開了衞國。

齊人歸女樂，季桓子受之；三日不朝。孔子行。㉙（微子）

齊國送給魯國一個女子歌舞團。季桓子接受了；三天不上班。孔子就離開了魯國。

陽貨欲見孔子；孔子不見。歸孔子豚；孔子時其亡也而往拜之，遇諸塗。謂孔子曰，「來！予與爾言。」曰，「懷其寶而迷其邦，可謂仁乎？曰：不可。好從事而亟失時，可謂知乎？曰：不可。日月逝矣，歲不我與！」孔子曰，「諾，吾將仕矣！」㉚（陽貨）

陽貨想見孔子，孔子不見他。他送孔子一隻小猪；孔子等他不在家的時候去拜謝他。却在路上遇上了。陽貨對孔子說，「來！我同你說話。」接着說，「一個人藏著本事讓他的國家亂下去，可說是仁嗎？當然不可以！願意出來做事却每每錯失機會，可說是知嗎？當然不可以！日子一天天過去了，歲月是不等人的！」孔子說，「是，我是要出來做事的！」

孔子一生以天下爲己任，擔負多麼沉重！路途多麼遙遠！他甚至受到別人的挖苦——栖栖皇皇、無乃爲佞！但是孔子並沒有向現實低頭，他明知其不可而爲之，他爲所當爲：鄰國發生了政變——臣子竟殺了國君！真是「人倫之大變，天理所不容。」㊂孔子鄭重其事的向國君報告，國君——一國之長，却不能主事，却說「告夫三子！」三家專政，越主僭上，雖未弒君，君同虛設，在這種情況下，三家自然不可能同意討伐弒君逆臣來自掌嘴臉，孔子對這種情勢何嘗不明白，但是他還是老老實實「之三子告」，孔子只是行所當行，至於事情行不通，則早在預料中了。孔子對人雖然風趣、幽默，但是他對事却頂認真、不妥協的：衞靈公旣問陣，可見此君無心文德，只想近功，孔子就走——第二天就走，毫不遲疑。魯定公十年，孔子五十二歲，他由中都宰而司空，而大司寇，定公和齊景公在夾谷盟會，孔子以大司寇隨行，齊本想侵襲魯君，由於孔子鎮定，以禮責備景公，才化險爲夷。定公十二年孔子爲了消弭三家的勢力，改善三家專政的局面，派弟子仲由毀三桓城、收其甲兵，這就是後人所謂「墮三都」，這個計劃如果成功，魯國政局可以一清，可惜孟懿子梗命——孟懿子還曾向孔子問孝！說起來他還是孔子的學生！由於學生抗命，老夫子失敗了。如果季桓子曾受齊女樂，（我們說「如果」是因是清人崔述對這事「存疑」！）就在這時候。我們想孔子這時一定很傷心——事情失敗在自己弟子手上，也很灰心——女樂使「君臣相與觀之，廢朝禮三日」㊂！雖然是父母國，雖然是紮根處，孔子還是走了。「陽貨欲見孔子；孔子不見。歸孔子豚。」從這個記載可以想像陽貨的嘴臉——他以爲妙計得售，不想孔夫子以其道治其身、你怎麼來我怎麼去——時其亡而往拜之！可是「遇諸塗」，真是狹道相逢，躲他不過！這一聲「來！」不知透著多少得意、興奮。看吧！那陽貨自拉自唱、自問自答，都是道理，還真駁他不倒，大擺請君入甕的姿態，可沒想到孔夫子不過虛與委蛇、漫應一句，也就過去了。陽貨興會踴躍、口沫橫飛，滿嘴大道理，孔子意態悠閒、好整以暇，只是一句話，前後對照，令人忍俊不住。但一細想，孔夫子對陽貨一流人也得應付，真真是無可奈何！

五

㊂陳亢問於伯魚曰，「子亦有異聞乎？」對曰，「未也，嘗獨立；鯉趨而過庭。曰，『學詩乎？』對曰，『未也。』『不學詩，無以言。』鯉退而學詩。他日，又獨立；鯉趨而過庭。曰，『學禮乎？』對曰，『未也。』『不學禮，無以立。』鯉退而學禮。聞斯二者。」陳亢退而喜曰，「問一得三，聞詩，聞禮，又聞君子之遠其子也。」（季氏）

陳亢問伯魚說，「你是不是從老師那裏得到什麼特別的教訓？」伯魚答道，「沒有。曾有一次他獨自站着；我快步走過庭中。他說，『學了詩嗎？』我答道，『沒有。』〔他說，〕『不學詩，沒法把話說得好。』我退下後就學詩。另外一天，他又獨自站立着，我快步走過庭中。他說，『學禮了沒？』我同答說，『沒有。』〔他說，〕『不學禮，沒法立身處世。』我退下後就學禮。我只得了這兩個教訓。」陳亢退下高興的說，「我問一件事却得了三種道理。我懂得了詩的重要，懂得了禮的重要，而且也懂得了一個君子卽使對自己的兒子也沒有私心。」

顏淵死；顏路請子之車以爲之椁。子曰，「才、不才，亦各言其子也。鯉也死，有棺而無椁。吾不徒行以爲之椁；以吾從大夫之後，不可徒行也。」㉞（先進）

顏淵死了；顏路請求孔子把車做顏淵殯時的椁。孔子說，「回和鯉雖有才與不才的分別，但從我們兩人講，却同是兒子。鯉死的時候，有棺而無椁。我並沒有把車給他做椁而自己步行；因爲我曾身居大夫，依禮是不當步行的。」

以上所舉兩段記載，很值得玩味。在論語裏另有兩處記載陳亢（子禽）的談話的；一見學而篇：「子禽問於子貢曰，『夫子至於是邦也，必聞其政：求之與？抑與之與？』」一見子張篇：「陳子禽謂子貢曰，『子爲恭也，仲尼豈賢於子乎？』」兩次談話的對象都是子貢，看來陳亢對子貢是頗崇拜的，對孔夫子却是保留的；陳亢似乎有背後刺探或批評人的習慣，難怪他要向孔子的兒子打聽行情了。可是君子無私，陳亢連半點私情也沒挖着；（真洩氣！）不過，陳亢能懂得「問一得三」，到底是不俗的。顏回是孔子最喜歡的學生，二十九歲頭髮全白了，三十二歲就死了，㉟英才早逝啊！難怪孔子「哭之慟」，而且還說「不爲這樣的人傷心却爲誰傷心呢！」可見孔子痛惜之情，恐怕並不下於一個父親痛惜他的兒子！但是愛歸愛、疼歸疼，門徒就是門徒、兒子就是兒子；鯉死，有棺無椁；回死，就不能塗車爲椁，孔子不答應顏路的要求並不是因爲孔子不愛顏回，相反的，依禮，士的殯禮，根本用不到「椁」！我們看孔子對門人厚葬顏回的歎語，（「回也，視予猶父也；予不得視猶子也。非我也；夫二三子也！」）可以了解，孔子要以禮葬回——一切要合理合情！而不可厚誣死者！

子溫而厲，威而不猛，恭而安。㊱（述而）

孔子待人溫和而處事嚴正，外表威嚴而性情平和，形貌恭謹而內心舒泰。

孔子於鄉黨，恂恂如也，似不能言者。其在宗廟朝廷，便便言，唯謹爾㊲（鄉黨）

孔子在家鄉，態度恭謹，好像不能說話似的。他在宗廟朝廷，言詞明辨，不過是很謹慎的。

子、釣而不綱；弋，不射宿。㊳（述而）

孔子釣魚但不用網罟去捕魚；射飛鳥，不射停在鳥巢的鳥。

子食於有喪者之側，未嘗飽也。子於是日哭，則不歌。（述而）

孔子和一個有喪事的人在一起吃飯，從沒有吃飽過。孔子在那天哭了，就不唱歌。

子在齊聞韶，三月不知肉味。曰，「不圖爲樂之至於斯也！」㊴（述而）

孔子在齊國聽了韶樂，一連學了三個月，吃飯連肉味都覺不出了。他說，「真沒想到學音樂會使人到這個境界！」

子與人歌而善，必使反之，而後和之。㊵（述而）

孔子跟人唱歌，如果覺得別人唱得好，一定請他再唱一遍，然後跟他唱和。

朋友死，無所歸㊶，曰，「於我殯。」朋友之饋，雖車馬，非祭肉，不拜。（鄉黨）

朋友死了，沒有親近人出來主持喪事，孔子就說，「我來辦。」朋友有所饋贈，除非是祭肉，即便是車馬，也不行拜禮。

師冕見。及階，子曰，「階也。」及席，子曰，「席也。」皆坐，子告之曰，「某在斯，某在斯。」師冕出，子張問曰，「與師言之，道與？」子曰，「然，固相師之道也。」㊷（衛靈公）

師冕來見孔子。到了階前，孔子說，「這是臺階。」到了坐席前，孔子說，「這是坐席。」都坐定了，孔子告訴他，「某某在這裏；某某在這裏。」師冕出去後，子張問道，「老師和樂師講的話，都有道理嗎？」孔子說，「是的，這是我們對待一個眼睛看不見的樂師所應有的道理。」

從這些小片段，也許我們可以和孔子更親近些！你看這恐怕是學生們給老師的素描吧！「溫而厲、威而不猛、恭而安」，真是「望之儼然、即之也溫」（子張）！我們想孔子一生做人做事都力求合理合情，教學、因材施教，在鄉黨、在宗廟朝廷言貌各不相同。就是釣、射，也只是意思、意思，絕不想一網打盡、趕盡殺絕；真個是其釣、射也君子！對魚鳥都心存仁厚，對人類更不必說了。同情心人人都有，不過我們偶爾也可以看見對著出殯行列大聲喧嘩的場面——人常常疏忽小節；可是孔子並不以小節而疏忽，弟子才有以下的記載：「子食於有喪者之側，未嘗飽也。」我們再看他招待師冕的種種，多細心、多善體人意。朋友死了，孔子包辦喪事，多有義有情，現在有時聽人說「人去人情亡」！唉！「學琴的孩子不會變壞」，那麼喜歡音樂的人一定是可愛的。孔子多迷音樂呀！一學三月竟到不知肉味的地步，難怪孔夫子要吃驚，我們是又驚又羨呢！一個人可以學習自己喜歡的事物，而且一迷三個月，多美呀！孔夫子多可愛可敬，他不妬嫉，別人唱得好，請他再唱一遍！然後一同唱和！一起歡唱！

六

子畏於匡；曰，「文王既沒，文不在玆乎！天之將喪斯文也，後死者不得與於斯文也！天之未喪斯文也，匡人其如予何！」[43]（子罕）

孔子在匡的地方遭了危難；說，「文王死了以後，文化的傳統不都在我身上嗎？天如果要斷絕這文化，就不應該讓我有這個抱負；天如果不想斷絕這文化，匡人其奈我何！」

在陳、絕糧；從者病，莫能興。子路慍、見曰，「君子亦有窮乎？」子曰，「君子固窮；小人窮，斯濫矣！」[44]（衛靈公）

孔子在陳國的時候，斷了糧食。隨從的弟子都餓得慌，起都起不來了。子路好火，見了孔子說，「君子也會窮嗎！」孔子說，「君子固然也有窮困的時候，「不過，不像」小人窮了，就什麼都做得出來！」

孔子一生顛沛流離，多災多難，少年時的貧賤，中老年的困阨。這麼可敬的人，却遭到這般磨難，是上天所設的試煉嗎？當然鐵要通過鍛燒才能成鋼，人在窮困的時候才能顯出他的氣度。魯國的陽虎，不知在匡做了幾管幾簍的壞事，匡人對他恨極了；偏偏孔子和陽虎長得有幾分像（造化弄人！），而給孔子趕車的顏刻又曾隨陽虎到匡，這下誤會是解釋不清了，包圍起來！法國大革命時的暴民，那股暴勁是要人命的！想想，孔子他們這批人處境多危險！可是孔子並沒驚慌失措，看！他對自己多有自信，這種捨我其誰的使命感，使他豪氣干雲、不憂不懼！在陳，連最基本的維持生命的糧食都斷了，生命的延續也許馬上成了問題，孔子並不曾怨天尤人，他只是告訴一腔怒火的子路：人要有格。

七

子擊磬於衛。有荷蕢而過孔氏之門者，曰，「有心哉！擊磬乎！」既而曰，「鄙哉！硜硜乎！莫己知也，斯己而已矣。深則厲，淺則揭。」子曰，「果哉，末

之難矣！」㊺（憲問）

孔子在衞國，有一天正敲着磬。有一個挑著草筐的人走過孔子門前，說，「有心呀！敲磬的！」隔了一會兒又說，「太陋了！硜硜的！沒有人了解我們，自顧自也就是了。〔詩上不是告訴我們：〕水深淌過去，水淺褰裳過。」孔子說，「可真果決呀！如果能這樣，也就沒什麼難處了。」

楚狂接輿歌而過孔子，曰，「鳳兮鳳兮，何德之衰！往者不可諫，來者猶可追。已而已而，今之從政者殆而！」孔子下，欲與之言；趨而辟之，不得與之言。㊻（微子）

楚國的狂人接輿唱著歌走過孔子的門前，說，「鳳呀鳳呀，你的運命爲什麼那麼壞！過去的沒法挽回，將來的還可努力追求。算了算了吧！現在的從政者實在危險呀！」孔子下堂出門，想和接輿談談；他却趕快走避，孔子也沒法跟他談了。

長沮桀溺耦而耕。孔子過之，使子路問津焉。長沮曰，「夫執輿者爲誰？」子路曰，「爲孔丘。」曰，「是魯孔丘與？」曰，「是也。」曰，「是知津矣。」問於桀溺，桀溺曰，「子爲誰？」曰，「爲仲由。」曰，「是魯孔丘之徒與？」對曰，「然。」曰，「滔滔者天下皆是也，而誰以易之！且而與其從辟人之士也，豈若從辟世之士哉！」耰而不輟。子路以告。夫子憮然；曰，「鳥獸不可與同羣；吾非斯人之徒與、而誰與！天下有道，丘不與易也。」㊼（微子）

長沮桀溺一起耕田。孔子路過，叫子路去打聽過渡的地方。長沮說，「那執轡的是誰？」子路說，「是孔丘。」長沮說，「是魯國的孔丘嗎？」子路說，「是。」長沮說，「那他應該知道渡口在那裏。」子路又向桀溺打聽。桀溺說，「你是誰？」子路說，「仲由。」桀溺說，「是魯國孔丘的門徒嗎？」子路答道，「是的。」桀溺說，「天下亂糟糟的、到處都是一樣的，却跟誰一起來改變它！況且你與其跟躲避壞人的人，何不跟我們這種避開整個亂世的人呢！」說完就不斷的耰田。子路只好向孔子據實以告。孔子悵然說道，「鳥獸我們沒法和牠們在一起；我們不和人類在一塊兒、却和什麼在一塊兒！天下如果太平，我是不會想要改變它的。」

子路從、而後；遇丈人，以杖荷蓧。子路問曰，「子見夫子乎？」丈人曰，「四體不勤，五穀不分：孰為夫子！」植其杖而芸。子路拱而立。止子路宿；殺雞為黍而食之。見其二子焉。明日，子路行以告。子曰，「隱者也！」……㊽（微

子）

子路侍從孔子，却落後了；遇見一位老人，用杖挑著蓧田器。子路問道，「你見到老師了嗎？」老人說「你不勤勞動身體四肢，也不種五穀糧食：誰是老師！」把杖豎了就芸起田來。子路恭敬地拱手站著。老人留子路過夜；殺了雞做了黍飯請他吃。引見了他的兩個兒子。第二天，子路〔見了孔子〕把昨日事告訴了孔子。孔子說，「是位隱者！」

如果我們說孔子是積極用世的實行家，那麼接輿、長沮、桀溺等人就是消極避世的隱退者；他們兩者由於人生觀的差異，行爲就大不相同了。隱者對孔子，或惋惜、或諷諫，在隱者的心目中，天下滔滔，既無法兼善天下，倒不如獨善其身，所以他們對孔子周行天下、明知不可爲而爲之的行徑，感到不解。孔子以爲生爲人類，就得與人相接，就當爲人盡力，這是一個人的責任，不容逃避。羅曼羅蘭說：世界上只有一種英雄精神，那就是照現實來看世界，並且愛它。是的！世界也許太亂、人生也常不如意，可是逃避，只顯示內心的怯懦——連面對問題、困難的勇氣都沒有！却無法使問題化解、困難去除——如果我們不嘗試，那麼我們連失敗的機會都沒有。孔子願意忍受別人的挖苦和誤解，爲所當爲，也只在圖一個心安，至於事情的成敗，倒在其次。孔子的再傳弟子孟子，最能把握孔子這種精神，孟子說：「當今之世舍我其誰」（公孫丑下）。春秋是一個混亂的時代，戰國時代的混亂，比起春秋時，猶有過之！「臣弒其君者有之，子弒其父者有之。」（孟子滕文公下）「爭地以戰，殺人盈野；爭城以戰，殺人盈城。」（離婁上）鐵器的普遍利用，使戰爭慘烈，而戰爭的結果，是土地的掠奪——春秋還有一百餘國，到戰國却只有七雄了！面對這樣一個混亂的時代，孟子發揮了他救世的狂情，慨然以天下興亡的己任！我們想這是孟子被後人尊爲亞聖最重要的理由！

叔孫武叔語大夫於朝曰，「子貢賢於仲尼。」子服景伯以告子貢。子貢曰，「譬之宮牆：賜之牆也及肩，窺見室家之好；夫子之牆數仞，不得其門而入，不見宗廟之美、百官之富。得其門者或寡矣；夫子之云，不亦宜乎！」㊾（子張）

叔孫武叔在朝上對大夫說，「子貢比仲尼高明。」子服景伯把這話告訴子貢。子貢說，「好比是圍牆吧！我的圍牆不過及肩高，從外面可以望見房子的美好；老師的圍牆却有好幾仞**高**，如果沒法從門戶進去，那麼，就見不到那美好、富麗的一切。能夠得其門戶的可能很少；武叔的話，也是難怪的。」

叔孫武叔毀仲尼。子貢曰，「無以爲也！仲尼，不可毀也。他人之賢者，丘陵也，猶可踰也；仲尼，日月也，無得而踰焉。人雖欲自絕，其何傷於日月乎！多見其不知量也。」〔五〇〕（子張）

叔孫武叔毀謗仲尼。子貢說，「不用這樣做！仲尼，是不能毀謗的。別人的賢能，好比丘陵，還可以越過；仲尼，好比日月，沒法子越過的。人雖想要自取毀滅，這對日月又有何傷！只不過顯得不自量力罷了。」

陳子禽謂子貢曰，「子爲恭也，仲尼豈賢於子乎！」子貢曰，「君子一言以爲知，一言以爲不知：言，不可不愼也。夫子之不可及也，猶天之不可階而升也。夫子之得邦家者，所謂立之斯立，道之斯行，綏之斯來，動之斯和：其生也榮，其死也哀，如之何其可及也！」〔五一〕（子張）

陳子禽對子貢說，「你是客氣呀！仲尼難道比你高明！」子貢說，「君子一句話就可以顯出是不是聰明；說話，是不能不謹愼的。老師的不可及，好比天是不能爬梯子而登的。老師如果能在一國當政，那麼扶植百姓就能站穩，誘導百姓就能遵行，安撫百姓就能歸來，鼓動百姓就能響應：他活著受人尊敬，他死了受人哀悼，這種人我們怎麼能及他！」

鐘鼎山林，人各有志。退隱鄉野的田夫野老，看不慣孔子僕僕風塵、奔波列國的傻勁，所以不免批評幾句，這還有得說；叔孫武叔、陳子禽一類人就真莫名其妙，居然毀仲尼！漢朝的學者鄭玄以爲子禽是孔子弟子㉜。不過在論語裏，弟子當面稱孔子「子」，背後呼「夫子」；陳子禽直呼「仲尼」，非弟子禮！史記仲尼弟子列傳沒有列載陳亢（子禽），想來太史公是有他的理由的。何況背後批評老師，在孔門中是沒有的。叔孫武叔和陳子禽他們抬舉的對象都是子貢。子貢是孔門中很出色的一個學生，由於他語言方面的天份和通達的政治手腕㉝，使他成爲孔門中的巨富。「子貢一出：存魯、亂齊、破吳、彊晉而霸越。」在國際舞臺上是個翻雲覆雨的厲害角色。他喜歡批評別人㉞，不過，好在子貢還頗有自知之明，至少子貢自已承認他不如顏回那麼好㉟——一個人能承認自己不如人，就是不斷努力求進步的原動力！不是有句話說：知不足、然後足嗎！子貢這一種「喜揚人之美」㊱的德行，使他沒有沈醉在叔孫武叔和陳子禽的掌聲中，倒是冷靜的指出孔子的偉大，和叔孫武叔、陳子禽言語的過失。

八

顏淵喟然歎曰，「仰之，彌高；鑽之，彌堅；瞻之在前，忽焉在後。夫子循循然善誘人：博我以文，約我以禮；欲罷不能。既竭吾才，如有所立卓爾，雖欲從之，末由也已！」[57]（子罕）

顏淵長歎道，「老師的道理是越仰慕越覺崇高，越鑽研越覺堅實；看著是在前面，一下子却又在後面了。老師循循然誘人向善：他以書本上的知識廣博我知，以禮約束我行。我真是想停止都不可能。我已經竭盡所能，一切就高高的豎立着，我雖想跟從，却辦不到！」

儀封人請見；曰，「君子之至於斯也，吾未嘗不得見也。」從者見之。出；曰，「二三子何患於喪乎！天下之無道也久矣，天將以夫子爲木鐸。」[58]（八佾）

儀邑的封人請求見孔子；說，「凡到這裏的君子人，我沒有不得見到的。」跟隨孔子的弟子就讓他見了孔子。封人見過孔子出來；說，「你們何必爲文化要斷絕而擔憂！天下已經亂了很久了；上天將會讓你們老師做復興文化的工作。」

善意的諷諫也罷，令人無可奈何的挖苦也罷，莫名其妙無聊的批評也罷，孔子還是孔子，他不會因爲畏懼挑戰、逃避現實，而放下自己該做的事，改變自己該走的路。孔子是一位思想成熟——他知道自己該做什麼、該怎麼做！他不憂不懼——如果一個人爲真理、爲自己人生的目標而吃苦，甚至獻出他的生命，他也會甘之如飴的！十字架總得有人扛，責任總得有人負，事情總得有人做！「那能盡如人意，但求無愧於心！」每一個人的心志不同，衆說紛紜、衆口雌黃，在所難免；如果外界的噪音，就能改變一個人的生活，那生活的態度是太多變了。生命是苦難的開始，有了生命就有了煩惱；逃避並不是辦法，就像我們不能怕煩就結束生命——那是懦弱的行爲！我們只有面對現實、克服困難，達到覺悟的彼岸！所以孔子對人生種種，一體擁抱，透過了實行來表達他對人、對天下的大愛。我們可以見小溪潺潺的全貌，却很少有機會眼觀江海波濤洶湧的全貌。短視的人批評孔子，但也只止於批評，孔子是不會因人褒貶而有所改變的。不過，我們讀讀孔子最欣賞的顏淵對孔子的感受，也許會讓我們對孔子有更深一層的認識：「仰之，彌高；鑽之，彌堅！」聽！一句句啓明發聵的叮嚀！孔子提倡有教無類、提倡仁、提倡恕，世界上最大的經典也只配做他的注脚。「生命不是自己擁有，必也使別人同樣享受生命的樂趣。」不是嗎?!

附註

㈠ 孔子父叔梁紇、母顏氏，乃是根據史記孔子世家的記載。禮記檀弓下：「夫子之母名徵在。」

㈡ 孔子家語：「生三歲而梁紇死。」而史記孔子世家只說「丘生而叔梁紇死」，沒說何年；大概總是年幼時失去父親。

㈢ 論語子罕：大宰問於子貢曰，「夫子聖者與?何其多能也!」子貢曰，「固天縱之將聖，又多能也。」子聞之，曰，「大宰知我者乎!吾少也賤，故多能鄙事。君子多乎哉?不多也!」包注：「我少小貧賤，常自執事，故多能爲鄙人之事。」

㈣ 史記孔子世家：「禱於尼丘得孔子。」又說：「生而首上圩頂，故因名曰丘云，字仲尼姓孔氏。」

㈤ 朱注：十室，小邑也。

㈥ 邢疏：此章言孔子憂在脩身也。德在脩行，學須講習，聞義事當徙意從之，有不善當追悔改之。夫子常以此四者爲憂；憂己恐有不脩、不講、不徙、不改之事：故云是吾憂也。

㊆ 葉，地名，音ㄕㄜ。孔曰：「葉公，名諸梁；楚大夫也。食采於葉，僭稱公。」奚，何也。劉疏：發憤忘食者，謂好學不倦，幾忘食也。樂以忘憂者，謂樂道不憂貧也。

㊇ 抑，語助詞。皇疏：爲，猶學也。爲之不厭，謂雖不敢云自有仁聖，而學仁聖之道不厭也。

㊈ 莫我知也夫，夫，音ㄈㄨˊ，句末語助詞。馬曰：孔子不用於世，而不怨天；人不知己，亦不尤人。孔曰：下學人事，上知天命。

㊉ 識，音ㄓˋ，記也。

㊀ 莊子胠篋：「焚符破璽，而民朴鄙。」朴鄙，是同義複詞，朴，通樸；所以譯鄙爲樸實。空空如，是空空然的意思；劉疏：「釋文：空空，鄭或作悾悾。鄭彼注云，『悾悾，誠慤也。』此鄙夫來問夫子，其意甚誠懇，故曰『空空如』。叩者，反問之也。因鄙夫力不能問，故反問而詳告之也。」朱注：「兩端，猶言兩頭。」

㊁ 朱注：處貧難，處富易，人之常情；然人當勉其難，而不可忽其易也。

㊂ 這裏的「而」是「若」的意思。朱注：「設言富若可求，則雖身爲賤役以求之，亦所不辭，然有命焉，非求之可得也，則安於義理而已矣。」

㊃ 說文：「飯，食也。」段注：「食也者，謂食之也。此飯之本義也。引申之所食爲飯。

今人於本義讀上聲，於引申之義讀去聲。」這裏的「飯」是動詞，是「吃」的意思，讀ㄈㄢˋ。詩大雅召旻：「彼疏斯粺。」箋：「疏，麤也，謂糲米也。」麤，就是「粗」。食，音ㄙˋ；周禮地官廩人：「治其糧與其食。」注：「謂米也。」疏食，就是粗米。說文：「厷，臂上也。ㄙ，古文厷。肱，左，或从肉。臂，手上也。」現在我們通用肱字，不用厷和ㄙ；而肱和臂也常混言通稱。所以孔注：「肱，臂也。」

㊄ 鄭曰：季文子，魯大夫季孫行父也。文，謚也。文子忠而有賢行，其舉事寡過，不必及三思也。

㊅ 朱注：「弦，琴瑟也。時子游爲武城宰，以禮樂爲教，故邑人皆弦歌也。」莞，音ㄨㄢˇ。朱注：「莞爾，小笑貌。蓋喜之也。因言其治小邑，何必用此大道也。」偃，言偃，字子游，孔子弟子；弟子在老師前，自稱名，老師亦直呼其名。

㊆ 朱注：「桴，筏也。」鄭曰：子路信夫子欲行，故言好勇過我也。無所取材者，言無所取桴材也。以子路不解微言，故戲之耳。

㊇ 衣，音ㄧˋ，動詞，是穿的意思。敝，壞也。縕，音ㄩㄣˋ，本指亂麻；朱注：「袍：衣有著者也。」縕袍，是絮了亂麻的袍子，是「衣之賤者」。狐貉，是皮裘，是「衣之貴者」。「不忮不求，何用不臧」見詩邶風雄雉。朱注：「忮，害也。求，貪也。臧，善也。言能不忮不求，則何爲不善乎。孔子引之，以美子路也。」「是道也，何足以『臧』！」

是孔子對子路的一句戲言。孔子聽子路常誦這兩句詩，所以對他講這句戲言。這個「臧」字，是沒有意義的。因爲子路所誦的詩末字爲「臧」，所以孔子就用這個「臧」字以代表子路喃喃的聲音。（毛子水先生說）

㊈華，古花字，經典裏花常寫作華。朱注：「唐棣，郁李也。偏，晉書作翩。然則反亦當與翻同；言華之搖動也。而，語助也。此逸詩也。」黃式三論語後案：「何解以此連上爲一章；北宋諸儒多從之。蘇子瞻以詩爲思賢不得之辭，別分一章。」朱子集注把本章和上章「子曰可與共學未可與適道可與適道未可與立可與立未可與權」分爲兩章；較妥。「未之思也夫！何遠之有！」這是孔子對弟子的戲言。當然，這是孔子對逸詩「豈不爾思、室是遠而」的評論。這個「爾」是指的什麼？蘇東坡認爲逸詩是表現思賢不得的，則「爾」自然是指的「賢」，這種講法自然發人深省。

㊀原壤，孔子的故舊。夷，蹲踞也。俟，待也。述，猶稱也。賊，害也。脛，音ㄐㄧㄥ，脚脛。

㊁鄭注：「石門，魯城外門也。晨門，主晨夜開閉也。」朱注：「蓋賢人，隱於抱關者也。」朱子認爲這個守城門的人，是一位賢能的隱者；朱子這個看法自然是從下面晨門「知其不可而爲之」不俗的談吐而來的。實在，論語所以錄這章，恐怕也是爲了這句話吧！

㉒集解：「言將至死不聞世之有道也。」這個解釋最合經意！雍也篇「魯一變、至於道」、里仁篇「士志於道」和微子篇「天下有道」的「道」，都以這個講法爲合。這些道字，和「吾道一以貫之」、「古之道也」的「道」，意義完全不同！自漢以來，除二三學者外，注釋論語的人，都把孔子「朝聞道」的話講錯了。漢書夏侯勝傳：「〔夏侯〕勝、〔黃〕霸既繫，霸欲從受經；勝辭以罪死。霸曰，『朝聞道，夕死可矣！』勝賢其言，遂授之。」這是最早的誤解孔子這句話的事例。（以上見毛子水先生論語今註今譯。）朱注：「道者，事物當然之理。」以道爲道理，是普通對這章「道」字的講法。朱注：「朝夕，所以甚言其時之近。」朝夕，是表示馬上、立刻的意思。

㉓朱注引程子曰：「孔子盛時，寤寐常存行周公之道，及其老也，則志慮衰而不可以有爲矣。蓋存道者心，無老少之異；而行道者身，老則衰也。」

㉔國語周語上：「內史過曰：周之興也，鸑鷟鳴於岐山。」韋昭注：「三君云：鸑鷟，鳳之別名也。」說文：「鳳，神鳥也。」墨子非攻下：「赤鳥銜珪，降周之岐社，曰：天命周文王，伐殷有國。泰顛來賓，河出綠圖。」

㉕馬曰，「韞，藏也。匵，匱也。謂藏諸匱中。」韞，音ㄩㄣ。說文段注：「匵與櫝音義皆同。」匵，音ㄉㄨˊ。匱，俗作櫃。「韞匵而藏諸」，雖然犯了言詞重複的毛病，不過古人自有複語；比如詩衞風碩人：「碩人其頎」，碩已含大的意思。（詩唐風椒聊：「

碩大無朋。」）頎，也是形容身裁高大的樣子。（頎，音ㄑㄧˊ，長貌。）賈，音義同價；善賈，就是高價。沽，音ㄍㄨ，賣也。這裏的「諸」是「之乎」的合音。（王引之經傳釋詞：「急言之曰諸，徐言之曰之乎。」）

㉖ 朱注：「微生，姓；畝，名也。畝，名呼夫子而辭甚倨，蓋有齒德而隱者。」栖，音ㄒㄧ（又音ㄑㄧ）；栖栖，是不安的樣子。朱注：「為佞，言其務為口給以悅人也。疾，惡也。」包曰，「病世固陋，欲行道以化之。」

㉗ 朱注：「成子，齊大夫，名恆。簡公，齊君，名壬。事在春秋哀公十四年。」沐，洗頭；浴，洗身。劉疏：「禮於常朝不齊；此重其事，故先齊也。」按：劉疏的「齊」即「齋」；凡齋必沐浴。三子指仲孫、叔孫、季孫三卿；當時魯國的政權都在三家手中。

㉘ 陳，音義同陣；問陳，就是問戰陣之事。俎豆，是古代的禮器，是用來朝聘和祭祀的。

㉙ 史記孔子世家：「定公十四年，孔子由大司寇行攝相事；與聞國政，齊人聞而懼。……於是選齊國中女子好者八十人，皆衣文衣而舞康樂，文馬三十駟，遺魯君。陳女樂文馬於魯城南高門外。……季桓子卒受齊女樂。三日不聽政，郊又不致膰俎於大夫。孔子遂行。」清崔述洙泗考信錄二列本章於「存疑」，說，「按孟子但言『不用、從而祭、不稅冕而行』；未嘗言『歸女樂』一事。」

㉚ 趙注：「陽貨，魯大夫也。」歸，有一本作饋，是贈送的意思。孟子滕文公下：「陽貨

欲見孔子而惡無禮。大夫有賜於士，不得受於其家，則往拜其門。陽貨瞯孔子之亡也而饋孔子蒸豚。」廣雅釋言：「時，伺也。」這裏的「諸」等於「之於」。塗，同途，道途也。「來、予與爾言」下的「曰」字，似不應有，因爲「懷其寶」以下的話，還是陽貨講的；不過古書裏記語氣更換時，偶而也加個「曰」字。「懷其寶而迷其邦，可謂仁乎?曰：不可!」。這個「曰」字乃是一個人自爲問答時用的。(經傳釋詞二：「有一人之言而自爲問答者，則加『曰』字以別之。」亟，音ㄑㄧ，是頻頻、屢次的意思。禮玉藻：「父命呼，唯而不諾。」注：「唯，速而恭；諾，緩而慢。」孔子對陽貨的話只是漫答虛應，所以用「諾」，從「諾」字，可以體會孔子無可奈何的心情。

(21) 朱注語。

(22) 見孔安國注。

(23) 亢，音ㄍㄤ。陳亢，字子禽。伯魚，孔子的兒子孔鯉的字。趨，疾行也。

(24) 顏路，顏回父顏無繇的字，路也曾是孔子的弟子。朱注：「椁，外棺也。」宦懋庸論語稽：「請車爲椁，朱注從孔說：以爲賣車買椁。箋注家皆無以正其誤。按：賣車買椁之說有八不可解。……今考禮經，乃知顏路請車爲椁，蓋欲殯時以孔子之車菆塗爲椁，非葬時之椁也。」孔子世家：「孔子生鯉，字伯魚；伯魚年五十，先孔子卒。」說文：「徒，步行。」禮記王制：「君子者，老不徒行。」

㉟ 見史記仲尼弟子列傳和孔子家語。

㊱ 厲，嚴正。左襄三十一年傳：「有威而可畏謂之威。」

㊲ 鄭注：「恂恂，恭愼貌」。朱注：「似不能言者，謙卑遜順、不以賢知先人也。鄉黨，父兄宗族之所在；故孔子居之，其容貌辭氣如此。」鄭注：「便便，辯也。雖辯而敬謹。」朱注：「宗廟，禮法之所在；朝廷，政事之所出：言不可不明辯，故必詳問而極言之；但謹而不放爾。」

㊳ 朱注：「綱，以大繩屬網，絕流而漁者也。」以繩繫矢而射叫弋，音一ˋ。朱注：宿，宿鳥。

㊴ 韶，舜樂。朱注：「史記『三月』上有『學之』二字。不知肉味，蓋心一於是而不及乎他也。」按：「三月」上添「學之」，較合；下文正作「爲」樂，爲樂，就是學音樂。

㊵ 朱注：「反，復也。必使復歌者，欲得其詳而取其善也。」和，音ㄏㄜˋ，唱和。

㊶ 孔曰：無所歸，無親昵也。

㊷ 朱注：「師，樂師，瞽者。冕，名。」吳志忠的朱注刻本於「與師言之」下作逗，「之」是所言者。相，音ㄒㄧㄤˋ，助也。

㊸ 畏，受了危難。（見毛子水先生論語今註今譯。）史記孔子世家：「孔子適衞。或譖孔

子於衞靈公；孔子去衞。過匡，匡人聞之，以爲魯之陽虎。陽虎嘗暴匡人；匡人於是遂止孔子，拘焉，五日。弟子懼；孔子曰，『文王旣沒，……匡人其如予何！』孔子使從者爲甯武子臣於衞，然後得去。」世家的記載崔述以爲不足信，他在他的洙泗考信錄卷三曾加論辯；莊子秋水篇、說苑雜言篇都有子畏於匡的記載，匡或以爲是衞邑、或以爲是宋邑、或以爲是鄭邑，衆說紛紜，不過子畏於匡的說法倒是留傳很久——戰國時人還在述說這件事情。文，指文化。

(四四) 病，皇疏：「困也。」這個病可以汎稱所有身體上的「困」，生病當然是其一；另外像本章的餓死了，孟子上：「今日病矣，予助苗長矣。」病，朱注：「疲倦也。」我們說：累死了。左僖二十八年傳：使問且視之，病、將殺之。箋：病，傷重也。是。朱注：「興，起也。何氏曰：濫，溢也。言君子固有窮時，不若小人，窮則放溢爲非。」

(四五) 磬，音ㄑㄧㄥ，古代用石製成的樂器。荷，音ㄏㄜ，擔也。說文：「蕢，艸器也。」屮，是草木初生；艸，是百草；艸，我們現在寫成草。硜，音ㄎㄥ，硜硜，是擊磬聲。劉疏：「斯己者，言但當爲己，不必爲人；卽孟子所云『獨善其身』者也。』」「深則厲、淺則揭」，見詩邶風匏有苦葉。詩傳：「以衣涉水爲厲。揭，褰衣也。遭時制宜，如遇水深則厲、淺則揭矣！」朱注：「果哉，歎其果於忘世也。末，無也。聖人心同天地，視天下猶一家、中國猶一人，不能一日忘也；故聞荷蕢之言而歎其果於忘世：且言，人之出處，若但如此，則亦無所難矣！」

㊻ 朱注：接輿，楚人，佯狂辟世。已，止也；而，語助辭。殆，危也。鄭注：下，下堂出門也。（皇本、正平本章首「過孔子」下有「之門」二字。）

㊼ 鄭云，「長沮，桀溺，隱者也。」朱注：「耦，並耕也。時孔子自楚反乎蔡。津，濟渡處。執輿，執轡在車也。蓋本子路御而執轡，今下問津，故夫子代之也。知津，言數周流，自知津處。以，猶與也。言天下皆亂，將誰與變易之。而，汝也。辟人，謂孔子。辟世，桀溺自謂。耰，覆種也。憮然，猶悵然；惜其不喻己意也。言所當與同羣者，斯人而已，豈可絕人逃世以爲潔哉。天下若已平治，則我無用變易之；正爲天下無道，故欲以道易之耳。」耰，音ㄧㄡ。憮，音ㄨˇ。

㊽ 包曰，「丈人，老人也。」說文：「莜，耘田器。論語曰：以杖荷莜。」包曰，「丈人云：不勤勞四體、不分植五穀，誰爲夫子而索之耶？」包以「分植」訓「分」，這個說法和禮記王制「百畝之分」相同，就是種植、糞種的意思。朱注：「責其不事農業而從師遠遊也。植，立之也。芸，去草也。」芸，漢石經作耘。芸原來的意思是香草，這裏假芸爲耘。見其二子的「見」音ㄒㄧㄢˋ。左昭二十年傳：「乃見鱄設諸焉。」疏：「謂爲之紹介。」現在我們說「引見」。

㊾ 叔孫武叔，馬曰，「魯大夫叔孫州仇；武，謚也。」語，音ㄩˋ；是把話告訴別人。宮

牆，劉疏：「室四周有牆，凡寢廟皆居其中，牆南面有門以通出入。」大概就是現在我們說的「圍牆」。仞，音ㄖㄣ，包曰，「七尺曰仞。」

㉚ 毀，毀謗也。朱注：無以爲，猶言無用爲此。日月，喻其至高。自絕，謂以謗毀自絕於孔子。多，與祇同；適也。不知量，謂不自知其分量。

㉛ 爲，僞也。荀子性惡篇：人之性惡，其善者僞也。楊倞注：「僞，爲也。」是「作爲」的意思。道，音義同導。綏，安也。

㉜ 見學而篇「子禽問於子貢」章注疏引鄭注。

㉝ 先進篇：德行：顏淵……言語：宰我、子貢……雍也篇：〔季康子〕曰，「賜也可使從政也與？」〔子〕曰，「賜也達，於從政乎何有！」

㉞ 憲問篇：子貢方人。子曰，「賜也賢乎哉！夫我則不暇。」釋文：方人，鄭本作謗人，謂言人之過惡。

㉟ 公冶長篇：子謂子貢曰，「女與回也孰愈？」對曰，「賜也何敢望回！回也聞一以知十；賜也聞一以知二。」女，音義同汝。愈，勝也。

㊱ 見史記弟子列傳。

㊲ 朱注：「喟，歎聲。仰彌高，不可及。鑽彌堅，不可入。在前在後，恍惚不可爲象。此顏淵深知夫子之道無窮盡、無方體，而歎之也。」循循然，善誘貌。

㊺八 鄭曰，「儀，蓋衞邑。封人，官名。」「從者見之」，「見」音ㄒㄧㄢ，是引見的意思。喪，似乎應釋爲「天之將喪斯文」的喪。（見毛子水先生論語今註今譯）

學——溫故而知新

「半畝方塘一鑑開，天光雲影共徘徊。問渠那得清如許？爲有源頭活水來。」這是論語集注的作者宋朝朱熹的觀書有感二首之一；源源不絕的活水，使方塘清澈似鏡，映照天光雲影、佳趣天成。人活著所以美好，就在能夠學習，學習使人日日新，而精進不已，止於至善。孔子一生努力向學，並且也幫助努力向學的人，其實說「幫助」也並不全符合事實。孔子曾說，「顏回，並不是有益於我的；他對我的話無不悅服。」㈠禮記學記篇裏有「敎學相長」的話，如果敎者因學者的發問而深思，則就是學者有益敎者。顏回是孔子許爲「好學」的弟子，但說來孔子對他也不無少憾。我們覺得孔子一生最偉大的行徑，就是首先開科授徒——普及敎育，導民於善。我們知道古代受教育是貴族的專利，一般平民是沒有機會接受教育的！由於平民沒有機會接受教育，民智未啓，一般人的生活就如一泓死水，人生的境界永遠無法提昇，更不必說到參與政治的機會了。由於外族的入侵，周室東遷，天子的勢力式微，代之而起的是諸侯的勢力，這代表著一種意義：只要有力量，就可以在政治舞台上扮演角色；武力、智慧，都是力量；學是提高智慧的唯一途徑！另一方面孔子個人的思想相當開明，我們看他對仲弓說，「耕牛所生的小牛，長得混身火紅又頭角方正；這樣的牛，人們也許因爲牠的出身而不用牠爲祭品，難道山川的神會因爲牠是耕牛之子而不歆饗嗎！」㊁孔子的時代，職位世襲的制度還很盛行，父死子繼是當然之理；孔子對這種制度深不以爲然。孔子說，「其身正，不令而行；其身不正，雖令不從。」（子路）政治的好壞在乎人，所以爲政要舉賢才；聖主賢臣，政治自然清明，庸主奸臣，政治必定敗壞，這是一定的道理。孔子對仲弓的話，用「犂牛」比平民，「騂且角」喩賢而多能，雖然身爲平民，但本身賢能，就應該在政治方面得到機會、嶄露頭角，看來世襲祿位的制度是孔子所不滿的。開啓民智，開採智慧的礦，最可靠也可說是唯一的途徑，就是學。

子曰，「由也，女聞六言六蔽矣乎？」對曰，「未也。」「居，吾語女。好仁不好學，其蔽也愚；好知不好學，其蔽也蕩；好信不好學，其蔽也賊；好直不好學，其蔽也絞；好勇不好學，其蔽也亂；好剛不好學，其蔽也狂。」㊂（陽貨）

孔子說，「由，你聽說過六種美德六種流弊的說法嗎？」子路回答說，「沒有。」孔子說，「坐下！我告訴你。好仁而不好學，便會流於愚蠢；好知而不好學，便會流於放蕩；好信不好學，便會流於賊害；好直不好學，便會流於絞急；好勇不好學，便會造成禍亂；好剛不好學，便會陷於狂妄。」

子曰，「吾嘗終日不食，終夜不寢，以思，無益，不如學也。」（衛靈公）

孔子說，「我曾經整天不吃、整夜不睡、用來苦思，却徒勞無功；還真不如學、來得有益！」

孔子重視學，自然有他充分的理由。從事實方面可以發現：仁、知、信、直、勇、剛，都是美德，但好德不好學，就流於：愚、蕩、賊、絞、亂、狂，真所謂南轅北轍、令人徒歎。一個人所以持某種看法，一方面固然由於外力（比如師長或書本)的影響，另一方面得之於個人體驗者尤多。比如王貫英先生，他個人深深體會失學的痛苦、了解求學的重要，所以他以「廢紙興學」，用金錢、書籍幫助讀書人。我們都曾做夢；莊子却因夢而使他的哲學思想圓融：有一次莊子夢見自己化爲一隻蝴蝶，展著彩色的翅膀飛舞，真是隻美麗的蝴蝶，稱心快意啊！一下醒了，夢碎了，驚覺到莊周還是莊周，是莊周夢爲蝴蝶？還是蝴蝶夢爲莊周？由這個綺麗的夢，使莊子體驗夢覺、死生的道理。只要我們認真體驗，處處有詩情、有真理，不是嗎！我們回過頭來說孔子的體驗：他曾不吃、不睡，却苦思不得，事實證明：學最有益！

子曰，「性，相近也；習，相遠也」。㈣（陽貨）

孔子說，「人本來的才性，是相近的；由於敎育和環境的不同，人和人便很不同了。」

子曰，「唯上知與下愚，不移。」㈤（陽貨）

孔子說，「只有上知和下愚是不能改變的。」

子曰，「中人(以上)，可以語上也；中人以下，不可以語上也。」㈥（雍也）

孔子說，「中等人，可以誘導他成爲上等人；中等以下的人，就不能誘導他向上。」

孔子以爲人大體分上、中、下三等。上知和下愚只是人類中的極小部分，其餘絕大多數人都是中人才質，爲善、爲惡，全看後天的教育和環境的影響了——基於這種觀點，所以孔子特別強調學的重要；雖然孔子也承認教育和環境對上知和下愚並不發生影響，但上知和下愚，在人類中所占比例極小；教育能提昇絕大多數的中人的人生境界，學習的價值就在於此。比孔子晚差不多一百年的孟子和荀子對人性也有精闢的見解：孟子以爲「人皆有不忍人之心」(公孫丑上)。什麼是不忍人之心？當我們看見一個小娃娃爬到井邊，快掉到井裏去了，一種緊張和憐憫的心情，使我們立刻把他抱開，這只是一種自然而然人類同情心的外表行爲，我們這麼做，當然不會是爲了和小娃娃父母拉交情、也不會是爲了在地方上得好名聲，更不會是害怕別人說我們見死不救！孟子由這種體驗證明：人性本善。孟子說，「惻隱之心，人皆有之；羞惡之心，人皆有之；恭敬之心，人皆有之；是非之心，人皆有之。惻隱之心，仁也；羞惡之心，義也；恭敬之心，禮也；是非之心，智也。仁義禮智，非由外鑠我也，我固有之也；弗思耳矣。故曰：求則得之，舍則失之。」(告子上)孟子以爲人性本善，仁義禮智等美德，乃人類固有，不待外求。但是，人性既本善，爲什麼還有壞人？孟子以爲那是人不「思」，以致放失其心，做壞事、爲惡行。解救之道是：「學」！他說，「學問之道無他，求其放心而已矣。」（告子上）人性本善，人只要覓得放失的善心，發揮人性，就是學問之道。荀子以爲「性」是天生自然的（見性惡篇），「善」既然和「性」有「離」的事實（所以世上有壞人），那麼孟子的性善說就站不住脚（見性惡篇）。荀子主張性惡，但性善、性惡也只是字面上看著相反，兩說的哲學內容上並不全然相反。我們以爲要了解哲學的內容，必先弄清楚哲學家所用的名詞的涵義——比如儒家和老莊提出的「聖人」，境界全不相同。在中國古代的哲學家中，荀子是比較實際、很少形而上與趣的一位。荀子以爲性是「生之所以然」「不事而自然」的、是天生自然的。荀子又說，「凡古今天下之所謂善者，正理平治也；所謂惡者，偏險悖亂也。是善惡之分也已。」（性惡）「禮義之謂治，非禮義之謂亂也。」（不苟）「正理平治」是善，「偏險悖亂」是惡；治亂是善惡的標準。「禮義」是治是善，「非禮義」是亂是惡。荀子把和現實生活發生關聯的治亂，禮義、非禮義來界定善惡。舉例說：人性都好利，如果順性而爲，那麼必生爭奪；我們看社會上頻傳的經濟犯罪和盜竊、搶掠案！人性好嫉妬，如果任性，那什麼害人勾當做不出來！人都貪耳目之欲，又好聲色，任性而爲，那人和禽獸有什麼不同！我們透過荀子性惡篇所舉的例證看，則他所說的「性」，實際就是「欲」，餓了要吃、困了要睡、累了要休息，是人自然的欲念，凡人都一樣。（所以荀子說：「故聖人之所以同於衆，其不異於衆者，性也。……凡人之性者，堯舜之與桀跖，其性一也；君子之於小人，其性一也。」〔性惡〕）欲念本身本無所謂善、惡，但如果順性而爲：餓了就順手拿麵包店的麵包！他那麼多錢，我也需要錢，把他的錢弄點來花花！好了，偸、搶的事件就發生了，社會就亂了。順性的結果是亂，結果爲惡，所以歸因於惡——性惡論就成立了。性既爲惡，而人性都一樣，那麼社會上的好人從那裏來的？學！「人之性惡，其善者僞也。」（性惡）這「僞」字要特別仔細！僞不是僞裝、不是僞君子，「僞」是人爲，性是天生自然、僞是後天人爲，是發揮人爲力量而促成的，那人爲的力量，自然就是學。由於荀子對人性深刻的認識，所以荀子特別重師、勸學！（荀子第一篇就是「勸學」！）

由於哲學名詞內涵的不同，荀孟對人性的看法雖不同但並非完全相反，但是不管主性善的孟子或主性惡的荀子，都有一種看法：人生是光明的！只要學（不管是找回放失的善心，或是約束自然的欲念。）人人都可以成爲好人、聖人！（荀子性惡：塗之人，可以爲禹！孟子滕文公上孟子引顏淵的話：舜何人也！予何人也！有爲者亦若是！）孔子雖然沒有論及性之爲善爲惡的問題，但是「中人可以語上」的認知，使他對人生、對教育產生無比的信心！人只要學，一定能好，「人人可以爲堯舜」！除非個人妄自菲薄、自暴自棄。看來，要提高人類的品質、改善世界的紊亂，教育是最可行的良方。孔子在兩千五百年前就已經見出這個道理，而且教學不怠，大哉！孔子！

孔子曰，「生而知之者，上也；學而知之者，次也；困而學之，又其次也；困而不學，民，斯爲下矣！」㈦（季氏）

孔子說，「生下來就知道的，是上等人；學了而後知道的，是次等人；遇了難題知道自己不行而後學的，是又次一等人；遇了難題却不學習以求解決的，這種人，是最下等的了！」

子曰，「我非生而知之者；好古、敏以求之者也。」㈧（述而）

孔子說，「我並不是生下來就什麼都知道的；我只是喜好古代聖賢留下來的知識、努力學來的。」

說來真洩氣！有人天生聰慧、智商一四〇以上，一目十行、過目不忘；有人資質平平，黽勉以求，才得稍進。看來人天生是不平等的！「人一能之己百之，人十能之己千之。果能此道矣，雖愚必明。」（中庸）人天生的資質也許不平等，但這種不平等並不是不可改變的，只要我們有決心、信心、恒心，天才可以一目十行，我們可以一行十目，下別人十倍、百倍的功夫——天才可以過目不忘，我們也可以過目不忘！事實上「生而知之」的「上知」很少，孔夫子自已都承認他是努力學得知識的！天才雖然可以一目十行，可是他還是得下功夫，當然他可以用較少的精力得較好的成績，但功夫還是要下的。「成功是一分的天才、九十九分的努力！」愛迪生那樣頭腦的人都有這種認知，我們怎能不重視學習、不努力用功！「或生而知之；或學而知之；或困而知之；及其知之，一也。」中庸學可以使人天生資質的不平等扯平，除非我們妄自菲薄，甘為下民，困而不學！

子曰，「學如不及，猶恐失之！」（泰伯）

孔子說，「黽勉向學，要好像來不及似的，就是這樣，還怕有所遺漏！」

子曰，「語之而不惰者，其回也與！」㊈（子罕）

孔子說，「告訴他道理而聽不倦的，恐怕只有顏回吧！」

子曰，「譬如爲山：未成一簣，止；吾止也！（譬如平地）雖覆一簣，進；吾往也！」⊕（子罕）

孔子說，「（進德修業）好比那堆土造山：只差一籠土這預期的山就造成了，可是這造山的人却止住了，那我也只好說他是到此爲止（算不得成功）！雖然剛開始倒下第一籠土，但是這個造山的人立定志向、勇猛精進，那我要說他必日日進步、終底於成！」

蘇東坡有兩句詩「作詩火急追亡逋，清景一失後難摹。」（臘日遊孤山訪惠勤惠思二僧）逋是逃竄的意思，亡逋是指逃犯。作詩靠靈感，而靈感的火光一閃即逝，失就不可再得；所以怎麼樣捕捉靈感是一個大問題。東坡以追逃犯做比喩：追逃犯是一刻也不容遲緩的，一旦犯人沒入人羣，再要捕捉，就是大海撈針了。孔子說到學習的態度，要積極、要「如不及」，禮記問喪：「望望然，汲汲然，如有追而弗及也。」我們平常可以看到周圍的某些人鑽名營利，那種汲汲營營、那種「未得之也、患得之、既得之、患失之。」（陽貨）——沒得到時怕得不到，到了手又怕失去；那種「鄙夫」行徑，自然可笑。可是，如果我們把孳孳爲利的精神，移轉於「孳孳爲善」（孟子盡心），那麼我們已經把握了學習的正確態度。人，活到老學到老；時間是以生命爲準的——死而後已，層面是道在螻蟻、道在屎溺。㈩——道理是無所不在的。以我們有限的生命去追求那廣博無垠的知識瀚海，我們只恨生命不長久。久旱初雨的情景，見過嗎？那臨空而下的甘露，都讓土地快樂地啜吸了——每一滴！進德修業必得有學習的熱情、積極的態度，支持這種熱切態度的，是不惰、永不懈怠！我們平常說「好的開始是成功的一半」，但是「靡不有初，鮮克有終！」（詩大雅蕩）三分鐘熱度是常人的毛病，即便是有了好的開始，但好的開始並不等於成功，成功仍然要努力、不懈怠的努力才能獲得；我們常說天下沒有不勞而獲的，不是嗎？我們常見到別人成功了，但我們見不到成功背後的影子——努力！我們豔羨成功運動員一躍而起，接受歡呼的神氣，我們却很難體會這一躍是得經過多少苦練。當然，好的開始雖然不等於成功，但沒有開始永遠沒有成功，只要我們開始，我們就有成功的希望！而開始沒有早晚的分別、只有開始或不開始的分別。也許我們以前曠廢時日、荒怠學業，也許我們以前飽食終日、無所用心，沒關係！「從前種種譬如昨日死，以後種種譬如今日生。」從今天，不！從現在開始，只要我們有決心、信心、恒心，再下苦心，天下那有不可成的事！怕就怕虎頭蛇尾、「功虧一簣」，就像那有題目、有首却沒尾的作文，永遠算不得是篇文章。

子曰，「不曰『如之何、如之何』者，吾未『如之何』也已矣！」㈩（衛靈公）

孔子說，「一個不常說『怎麼辦、怎麼辦』的人，我對他也不知道『怎麼辦』了！」

子曰，「不憤，不啓；不悱，不發。擧一隅而示之、不以三隅反，則不復也。」㈢（述而）

孔子說，「一個人不到了因自已所知不足而憤懣，我是不會去開導他的；一個人沒到了爲求知而悵恨，我是不會去啓發他的。我告訴他一種道理、他不能擧一反三，那我就不再敎他了。」

子曰，「見賢、思齊焉；見不賢、而內自省也。」㈣（里仁）

孔子說，「見到賢人，〔便用心學他〕希望和他齊頭並進；見到不好的人，便自我反省〔是不是有和他一樣的毛病〕。」

子曰，「三人行，必有我師焉。擇其善者而從之，其不善者而改之。」⑮（述而）

孔子說，「幾個人走在路上，其中就有我的老師。他們以爲好的事，我就做；他們以爲不好的事，我就改。」

曾子曰，「吾日三省吾身：爲人謀而不忠乎？與朋友交而不信乎？傳，不習乎？」⑯（學而）

曾子說，「我每天以三件事反省我自己：我替人計議事情盡心了嗎？和朋友交往誠信嗎？傳授學業，自己本身對學業很熟嗎？」

所謂師父領進門，修行在個人。一個人做任何事——特別是學習，必須有強烈的自覺心。一個人遇到問題，不自問也不問人「怎麼辦」，聖人也拿他沒辦法。求學就好比游水，我們必須入水，才能游水；同樣的，求學問，必須鑽進問題裏面，面對問題，接受問題的挑戰，問題才有解決的可能。王國維先生在人間詞話裏說：古今之成大事業大學問者，必經過三種之境界：「昨夜西風凋碧樹，獨上高樓，望盡天涯路」此第一境也；「衣帶漸寬終不悔，爲伊消得人憔悴」此第二境也，「衆裏尋他千百度，驀然廻首，那人却在燈火闌珊處」此第三境也。國維先生以詞來譬況成大事業大學業的三種境界：獨出心裁、別具新意，雖然所表和原詞意思或有出入，也無大礙吧！這第一境是：繁華落盡、獨立高樓、天涯茫茫。我們想那該是孤獨、茫然，不知何所之、何所往的人生況味！那第二境是：黽勉從事、衣帶漸寬、爲伊消瘦。那是在找到了奮鬪的目標，一往直前，義無反顧的狂熱！第三境是：尋尋覓覓、驀然驚覺、發現了！我們必須忍受孤獨、煎熬，我們才能發現！發現我們探求的問題的答案。在物理上有一個很重要的原理：阿基米得原理，因爲這個原理是阿基米得發明的，所以以他的名字命名；這是一個有關液體浮力的定律，阿基米得在發現這個定律之前，百思不得。有一次他放了太多的洗澡水，人一進澡盆，水就溢了出來，他恍然大悟，跳出了澡盆，大喊著：發現了！發現了！那一份狂喜，真不可言喻。

自省——不斷的自我反省，是一個人學習過程中，能夠不斷進步的重要因素。事實上，在我們周圍的事事物物，都能夠幫助我們學習——如果我們能自覺、自省。一片油滑的柏油路面、上面有一條小裂縫，一棵小草從那細小的裂縫冒上地面，像幼米粉那麼細的身子，挺立著、隨風款擺，活的又精神又快樂——人秉受生命就該精神、快樂的活，不是嗎?!在孔子看來，各色人等——不管賢、不賢，全都有助於他，子貢說，「我的老師到處都可學，却沒有一定的老師。」⑰看來子貢是很了解老師的。「蛛絲閃夕霽，隨處有詩情。」午後一陣雨，停了，迎著夕照，蜘蛛絲上的小水滴像一顆顆碎鑽，閃著斑爛的光束。對了，古代在西方，英國蘇格蘭王被英格蘭王打敗了，他一敗塗地、無路可走了，他躲在個茅屋裏，心想：這下完了！忽然他看見一隻蜘蛛在結網，失敗了又重結，他心裏很受感動；立刻收集殘部，奮勇作戰，終於趕走英格蘭人，收復失土。看來周圍的一切事物，的確經常臨照我們，使我們清醒。

子曰，「由，誨女知之乎？知之爲知之，不知爲不知；是知也。」⑱（爲政）

孔子說，「由，我教你的、你都能知道嗎？你知道的就說知道，不知道的就說不知道；這就是真正的知道。」

子曰，「蓋有不知而作之者；我無是也。多聞、擇其善者而從之；多見而識之；知之次也。」⑲（述而）

孔子說，「世上似乎有一些人，自己明明沒什麼知識，却偏偏裝作很有知識似的；我沒這個毛病。一個人多聽，多看而牢記在心裏，那也就接近『知』了！」

希臘神廟發出了神讖——神的預言——說：蘇格拉底是全希臘最聰明的人。蘇格拉底知道後，很覺莫名其妙：我並不聰明呀！可是神是不會騙人的！這其中一定有祂的道理。蘇格拉底於是去找政治家、大商人、這些他以爲最聰明的人談話，結果他發現了神所以說他是最聰明的人的理由：全希臘只有蘇格拉底以爲自己不聰明，所以神讚許他最聰明！人的毛病在經常強不知以爲知，我們要學習的是：知不足——知道什麼是我們不知道的。考試前的總複習，老師問：有問題嗎？同學有的瞄一眼書、有的快速的翻一徧書，問題？問題在那兒？在考卷上！演算一道數學，一張張草稿紙揉爛了，真煩死人！解不出來，是夠煩的，可是比那不知從何下手的——一部十七史，從何說起！要強多了。若是以王國維先生所謂的學習境界來說：煩不知從何下手，是第一境；茫無頭緒；煩解不了題，是第二境；柳暗花明就在眼前！現在我們能夠懂得了：爲什麼愈有學問的人愈謙虛。問學的結果是：使我們知道，我們不知道的事情到底有多少！一個人知道他不懂的事情尙多，他自然不會自驕自矜；所以古人說：知不足，然後足。孔子能免除強不知以爲知的毛病，但平常人卻常犯這個毛病；因爲人都有虛榮心，怎麼樣破除這種虛榮的念頭，正是我們所要學習的！孔子所要告訴子路的，也正是這一點。

子曰，「學而不思則罔，思而不學則殆。」⑳（為政）

孔子說，「勤求學問而不用心思索，那還是罔罔然無所知的；只是挖空心思去想却不勤求學問，那還是疑難叢生得不到確實的知識的。」

子曰，「賜也，女以予為多學而識之者與？」對曰，「然！非與？」曰，「非也！予一以貫之。」㉑（衛靈公）

孔子說，「賜呀！你以為我只是多聞多見並且把所聞見的都默記在心裏嗎？」子貢回答說，「我是這麼想！難道不是嗎？」孔子說，「我的做學問，並不是只靠博聞強記；我求學問時，總是用一個中心事物以統攝所聞見的。」

在論語裏里仁篇「參乎，吾道一以貫之。」也有「一以貫之」的話。里仁篇的「一以貫之」和這裏所引衛靈公篇的並不同。里仁篇的「一以貫之」，是孔子說他的道理用一個中心思想就可以貫串，這一個中心思想就是曾子所謂的「忠恕」，是孔子所有思想的核心，是永不變更的。這裏的「予一以貫之」，是孔子講他平日做學問的方法；這個「一」，是他求知識時最注意的事情。博聞強記的結果，腦海中可能是一團駁雜，但如果心中有主旨，知道自己所最注意的事是什麼，以這中心事物條貫所聞見的，這種毛病就能避免。心中最注意的事物，一時也許是「爲仁」，他時也許是「孝弟」，是因時而變的。孔子答子貢以「非也」，當不是「非」多學的，而只是「非」一個人博聞強記之餘，不能條貫所聞見的——學而不思，所得只是些片段的記憶。如果我們能用心思把所學條貫、理論，那麼「多聞多見而識之」自然是最有益的事情。「學而不思」，「學」等於「多聞多見而識之」、「思」等於「一以貫之」，這個「思」，是學的一部分事情、是學習過程中一個重要的方法。比如我們學英文，我們背生字、背動詞變化、甚至背文法，我們只用頭腦去背，却不用頭腦去整理、條貫這些強背的東西——比如利用所知的生字、文法造句，以活用這些死知識——那麼腦子雖然塞得滿滿的，却依然茫然無知，依然沒有抓住學英文的竅門，當然背得很苦而成效却不佳。「思而不學」「學而不思」兩句話的「思」字並不同。「學而不思」的「思」是學的一種方法，這思包括在學的範圍內；「思而不學」的「思」是和學相對的，當然並不包括在學的範圍內。我們有時看到有的同學，整天想當科學家、發明家，他們自命是天才，上課對他們來說是浪費生命；他們整天空想，好高騖遠，眼高手低，結果一事無成，空自蹉跎。所以孔子說：終日不食、終夜不寢，以思、無益；不如學也！當然，我們現在所接受的知識，大半是古人智慧的結晶，這差不多都是由「思」創造出來的，這種憑空思索以創造發明，自然比多學多思以擷取前人成果難得多。孔子個人也說他「好古敏以求之者也」（述而）。當然，我們可能要說：愛迪生所受的學校教育很少，他却成了偉大的發明家，但是不要忘了，他的母親從旁教導了他一切最基本的知識，他以此為基礎，才更上層樓的；我們也常聽人說某人無師自通，無師並不是不學，學習是達通必經的路。愛迪生可以稱得是上知了，基礎知識在他後來的發明過程仍發揮了力量；做為一個中人，（在這個世界裏上知到底不多吧?!）如果不學而終日空想，結果必然徒勞無功！「生而知之」的上知，自可以「思索生智」（管子內業篇）；孔子體認自己不是生而知之者，所以他黽勉向學，這是他自已的自覺，所以他提出來告訴他的學生。也許是由於人類過份自尊的關係——從某一方面說，人類自尊到自封為「萬物之靈」！人常犯一種毛病：漠視旁人！由於這種毛病作祟，許多人寧願空想却不肯學習。我們要說：即便是天才吧！如果能多聞多見，把前人的道理都學了，以此為基礎，轉呈新意、別創機杼；這樣工夫不致白費，而聞見越博、知識越廣、思考的能力也就越大。想來，天才也得要學習吧！我們忽然想起杜甫的詩：不薄今人愛古人，轉益多師是汝師！好個「轉益」！

子曰，「溫故而知新，可以爲師矣。」（爲政）

孔子說，「溫習已經學過的東西，並求知道新的知識，也就可以爲人師了。」

這是孔子告訴弟子學的方法——很實在可行的方法。我們到沙灘上去，兩手捧着滿滿的細沙，不一會工夫，沙子從手縫溜下去了——一顆也沒剩！如果我們在學習的過程中，隨學隨忘，或者學過了就算了了；充其量不過是知識的中途站或是存陳貨的老倉庫。溫故一方面可以「無忘其所能」，另一方面，在溫習的過程中也可能得到新的意念、新的發現。塘水所以清澈，是由於源源不絕的活水，人必須不斷接受新知，才不致陳腐；而接受新知使人「知其所亡」㊂，人生的境界是日日新、而止於至善。溫故必須以知新爲繼，否則就如不斷的反芻而不上新料，成長是極有限的；知新必須以溫故留存，否則隨取隨丟，無所進益。

子曰，「有教無類。」（衛靈公）

孔子說，「老師施教，不論求教者來自貧或富、貴或賤的家庭，都要一體施教。」

孔子體認學的重要，所以發這種宏願。孔子這話可能還包涵另一層意思：只要施教，那麼人都能變好，都能自立，而不再有賢愚善惡的區別。這是孔子對人類、對教育強烈的信心——不管人的生活面是光明或是黑暗，人類的前途是光明的，教育是光明之鈕。孔子最恨那：「一羣人整天在一起，沒有半句正經話；好賣弄小聰明。」㉓還有那：「整天吃飽飯，半點心思也不用。」㉔孔子對這種人恨極了，說他們「難矣哉」！這種人當然不會有半點成就。

子曰，「自行束脩以上，吾未嘗無誨焉。」㉕（述而）

孔子說，「凡是拿了薄禮來求教的，我沒有不教他的。」

互鄉難與言。童子見，門人惑。子曰，「與其進也，不與其退也。唯，何甚！人潔己以進，與其潔也，不保其往也。」㉖（述而）

互鄉人是出了名的難說話。孔子接見了一個從互鄉來的少年，弟子覺得很不解。孔子說，「一個人自己要好他才會來，我們只是讚許他要好的心，至於他過去怎麼樣我們不必管；我們要幫助他上進，我們不該讓他自甘墮落！」

當我們有能力幫助別人時，我們絕不能袖手不管。要知「莫以善小而不爲」！當我們看見一個小朋友在雨中踽踽獨行，雨水濕透了他的衣裳，我們用傘爲他遮遮，送他一程，甚至送他到家，這在我們不算什麼，但這一遮却替這小朋友遮住了漫天風雨，使他感到人的可親，也許一顆小小的愛苗就這麼播了下去。老師是與人爲善的，孔子恨無所用心的傢伙，可是一個人只要想求上進，孔子是既往不咎的，這也是他實現「有敎無類」的實際行動吧！

子曰，「予欲無言。」子貢曰，「子如不言，則小子何述焉？」子曰，「天何言哉！四時行焉，百物生焉。天何言哉？」㊆（陽貨）

孔子說，「我想不說話了！」子貢說，「老師如果不說話，那我們遵循什麼？」孔子說，「天何曾說了什麼！四時運行，萬物化生。天何曾說了什麼！」

我們常聽說：言教不如身教。孔子的話，雖然可能是偶有所感而發，但亦可見出孔子重視身教的意思。陳亢背後向伯魚打聽：『子亦有異聞乎？』陳亢從這次和伯魚的談話中了解了：詩、禮的重要，更重要的是：夫子的無私。這種人格感召的力量，應該比什麼言語的訓誨都來得有力量。孔子自己說，「我對你們什麼也不隱瞞！」㊅這種坦蕩蕩的作風，自然叫人肅然起敬。司馬光說他生平「事無不可對人言」，這種君子作風，怎不令人敬服，而生風行草偃之效。易經上說，「天行健，君子以自彊不息。」如果我們從自然永不休止的運行，而體悟自強不息的意義，那是自然給我們最寶貴的「身教」。

哀公問，「弟子孰為好學？」孔子對曰，「有顏回者好學：不遷怒，不貳過。不幸短命死矣！今也則未聞好學者也。」㊆（雍也）

哀公問，「弟子中誰最好學？」孔子回答說，「有個叫顏回的最好學：他從不把氣出在別人身上，同樣的過失，他決不犯第二次。可惜短命死了！現在就沒有聽見這樣好學的了。」

子曰，「君子食無求飽，居無求安；敏於事而慎於言，就有道而正焉：可謂好

學也已矣。」㉚(學而)

孔子說，「一個君子能不以飽食、安居爲人生的目標；努力於該做的事而言語謹愼；又能向有道德的人請敎：這樣，就可以說是好學了。」

子曰，「賢哉回也！一簞食，一瓢飲；在陋巷：人不堪其憂，回也不改其樂。賢哉回也！」㉛(雍也)

孔子說，「眞賢呀顏回！一碗飯，一碗水；住在窮巷裏：這種生活，別人一定憂慮得受不了，顏回却能自得其樂。眞賢呀顏回！」

子夏曰，「賢賢易色，事父母能竭其力，事君能致其身，與朋友交、言而有信：雖曰『未學』，吾必謂之『學矣』！」㉜(學而)

子夏說，「一個人能夠好德如好色；侍奉父母、能竭盡心力，服事國君、能不愛惜生命，和朋友交往、誠信不欺：一個人能這樣，雖然沒有讀過什麼書，我一定把他當作讀過書的人。」

孔子讚美顏回，許他「好學」，是因爲他安貧樂道、不遷怒、不貳過的德行修養。孔子以爲君子人當有正確的人生目標，在言行方面要努力修爲，並且親近聖賢君子多方請益，這才是好學。子夏傳述孔子的思想，以爲學乃是盡力於德行修養。顯然孔門中的學，是以德行的培養、訓練爲主的。今天我們的教育目標雖在德、智、體、羣四育並重，但實際偏重於知識的傳授。孔子只重視道德的培養而全不講求書本的知識嗎？

子曰，「弟子，入則孝，出則弟；謹而信；汎愛衆而親仁：行有餘力，則以學文。」㊂（學而）

孔子說，「做爲一個學生，在家應該孝順父母，在外要尊敬兄長；一切言行應該謹慎誠信；愛所有的人而特別親近仁者：在實踐這些德行之外，又用功於書本。」

子以四教：文，行，忠，信。（述而）

孔子以這四件事教學生：古代傳下來的典籍，德行，忠恕，誠信。

這「行有餘力」四字最要留意。孔子的意思，並不是說一個人在孝、弟、謹、信、愛衆、親仁等德行都做到了後，再用餘力去追求書本上的知識。果眞如此，則我們將永無餘力來學文，因爲孝弟謹信等德行都是得終身奉行、更無所謂做得夠好的道理——好還有更好，這些德行都是得一生信守、死而後已的。更何況躬行、學文，兩不相妨；修習先後，難以執一。「餘力」的話，不可以詞害意。我們看孔子所謂的「好學」，都是指德行的修養講的；所以我們可以說孔子話裏的「餘力」，只是表示行比文重要。「子以四敎」的「文」當卽是「則以學文」的「文」，「行」當卽是「行有餘力」的「行」。忠信，似卽是「行」所當實行的；所以嚴格說起來孔子恐怕只以文和行敎誨弟子（當然孔子的弟子練習御——駕車、射——射獵，自不在話下，因爲射、御是當時人人都得會的；這可能好比開發時期的美國人差不多都會騎馬、趕車和放槍吧?!），「子以四敎」章，恐不是資質高明的弟子所記的；後人把文、行、忠、信傳合爲「四科」，更是牽強。好了，現在我們知道：孔子開課，主要從人格培養、德行講求上着手，期能敎誨出品德良好的弟子。

另一方面孔子也用古代人流傳下來的典籍來講課。孔子用什麼課本呢?在論語裏沒有提到過春秋；孔子個人喜歡唱歌，對音樂方面也很在行，有關音樂的理論也說得頭頭是道[34]，所以孔子必重視樂；禮是孔子所最重視的，不過我們想，孔子和弟子講、習禮，當然慢慢的會衍成許多規範；但筆之於書，當是後來的事。在論語裏只有一處提到「易」：

子曰，「加我數年，五十以學易，可以無大過矣！」（述而）

孔子這話，文理頗不順。龔元玠十三經客難：「先儒句讀未明。當『五』一讀，『十』一讀，言或五或十：以所加年言。」釋文：「學易，如字。魯讀『易』爲『亦』：今從古。」現在所有論語的版本都作「五十以學易」，但是從魯論作「亦」，「亦」字連下讀，這話文理才順。總之，論語裏唯一提到「易」的一處，還有許多疑難問題存在。所以如果我們硬說孔子「晚而喜易」（見孔子世家），甚或講易或整理易，是未免大膽了些。書經是古代公文的集合本（好比每年青年節等特別日子，有　總統文告，是。）從其中可以知古鑑今，懂得政治的道理，孔子取以爲教科本，是很自然的，論語裏孔子也引書——論語裏只稱詩、書，詩經、書經的名是較晚才有的——以爲說㉟，孔子的學生也以書中的話，來向孔子發問㊱，而「孔子在誦詩讀書時，不用方言；贊禮的時候，亦都不用俗音。」㊲孔子對詩特別重視，我們從伯魚同答陳亢的話（見季氏篇），也可以深深體會到這一點。由於孔子特別重視詩，所以有關詩的談話記載也特別多：

子謂伯魚曰，「女爲周南、召南矣乎？人而不爲周南、召南，其猶正牆面而立也與！」㊳（陽貨）

孔子對伯魚說，「你學過周南、召南了嗎？一個人如果不學周南、召南，那就像向着牆壁站着，什麼也看不見，一步也走不通。」

子曰，「小子，何莫學夫詩！詩，可以興；可以觀；可以羣；可以怨。邇之事父，遠之事君。多識於鳥獸草木之名。」㊴（陽貨）

孔子說，「小子們，爲什麼不學詩！詩，可以感發志意；可以觀察盛衰；可以學得和人相處的道理；可以學得疾惡刺邪的態度。近可以學着服侍父母，遠可以學着服侍君上。又可以認識許多鳥獸草木的名字。」

子曰，「詩三百，一言以蔽之：曰，『思無邪』！」㊵（爲政）

孔子說，「詩三百，一句話可以概括；那就是『思無邪』！」

子曰，「誦詩三百，授之以政，不達；使於四方，不能專對；雖多亦奚以爲！」㊶（子路）

孔子說，「念了三百篇詩，把政事交給他，做不通；派他到外國辦事，不能單獨應對；學得雖多，又有什麼用處！」

子曰，「關雎，樂而不淫，哀而不傷。」㊂（八佾）

孔子說，「關雎的樂章，使人快樂却不至太過瘋狂，使人悲哀却不傷神。」

周南是詩經關雎到麟趾十一篇詩，召南是鵲巢到騶虞十四篇詩；孔子稱二南，也許指十五國風，當然更可能指整部詩經。從孔子的談話，我們可以體會出他的重視詩教。我們現在讀詩經，經常把它作爲文學作品來品味；而學者則把它當語言學、社會學、甚至政治學的材料來處理。在孔子眼中詩却另具功能：詩，是倫理教科書、政治、語言教科書甚至是動植物學的教科書。關於孔子「誦詩三百、授之以政」的話，我們必須特別說說。孔子的重視詩三百，除了站在倫理教育的觀點外，更重要的是從政治人才的培養方面着眼。我們說過：孔子反對職位世襲的制度，政治人才的培養自是孔子所願望的，更何況實現天下太平的理想，也需要大批政治高手來推動；而詩有助於政治人才的養成。我們現在說話，用個成語，引經據典，是很普遍的現象，古代讀書人則喜歡引詩或書——特別是詩，以助長語勢或完足語意；這種現象，影響及於政治場合、外交應對，而且蔚成風氣、造成風尚。我們知道：所謂外交辭令，自然以語意曖昧、模稜、不足爲外人道爲上，在這種情形下，賦詩以喻意、甚至斷章取義亦所常見，我們看左傳上所載許多盟會（當時的國際會議）時，各盟主間的談話，真個是啞吧吃湯團——心裏有數！而旁人可真一頭霧水。所以孔子要說，「不學詩，無以言！」對方賦詩喻意，若連對方的心意都摸不透，如何作答，應對？還能開口說話嗎？不學詩，真個是有口難言了；所以孔子要說：「讀了許多詩，出使國外，却不能單獨應對；多，又有什麼用！」我們看孔門弟子們自己的統計表：德行：顏淵、閔子騫、冉伯牛、仲弓。言語：宰我、子貢。政事：冉有、季路。文學：子游、子夏。（先進）言語和德行、政事、文學並列，可見孔門中對言語的重視；而不管德行、言語、政事、文學，那一方面的人才的訓練，詩都能發揮作用。另一點，我們要了解的是：詩經原來都是可以唱或可以演奏的，而我們現在看到的詩經，只是詞——就像現在歌曲的歌詞——至於樂譜都已經失散不傳了。孔子「關雎，樂而不淫」及「雅頌各得其所」（子罕）的談話，恐怕都是就詩經樂的方面而發言的。說到這裏，我們可以了解孔子一再告誡他的兒子學詩的道理了，而從孔子的叮嚀中，我們更可見出孔子的重視詩三百了。

子路問，「聞斯行諸？」子曰，「有父兄在，如之何其聞斯行之！」冉有問，

「聞斯行諸？」子曰，「聞斯行之！」公西華曰，「由也問『聞斯行諸』，子曰『有父兄在』；求也問『聞斯行諸』，子曰『聞斯行之』。赤也惑！敢問。」子曰，「求也退，故進之；由也兼人，故退之。」㊂（先進）

子路問，「一個人聽到一件應當做的事是不是立刻去做？」孔子說，「有父親兄長在，怎麽可以聽到就做呢！」冉有問，「一個人聽到一件應當做的事是不是立刻去做？」孔子說，「聽到就立刻做！」公西華說，「仲由問『是不是聽到就做』，老師說『有父兄在』；冉求問『是不是聽到就做』，老師說『聽到就做』。弟子實在不明白，敢請教老師。」孔子說，「冉求生性畏縮，所以要推推他；仲由勇氣過人，所以我要壓壓他。」

在孔門的弟子中，子路是個性最鮮明的一位。在論語陽貨篇裏載有子路發「君子尚勇乎？」——「君子以勇爲貴嗎？」的問題，從這裏很能夠看出子路的心態；難怪孔子也不得不歎：「由也，好勇過我。」（公冶長）子路果決㊃：要做便做、想說就說。有一次子路問孔子：「衞國國君等老師去替他辦政事；老師打算先做什麼？」孔子說：「那我一定先糾正一切不當的名！」子路說，「老師怎麽迂闊到這個地步！這有什麼好正的！」㊺根據史記仲尼弟子列傳的記載，子路只比孔子小九歲；由於年齡的接近，當然另一方面由於孔子的開明，子路才會近乎放肆的批評孔子「迂」！在孔子的弟子中，顏路（顏回的父親）的年齡和孔子不會相去太遠；但從論語的記載看，只有子路這麼對孔子說話，這不能不歸因於他的性格。子路的個性相當不服輸，孔子誇顏淵幾句，他就沉不住氣，要反應他的想法㊻。在公冶長和先進篇，都有「各言其志」的記載，我們看兩次都是子路「率爾」發言，他這種勇氣過人的性格全表露無遺。當然，事情如果從不同角度立論，就會出現不同的看法。子路的性格雖然嫌毛躁；不過這種性格，使他在聽到什麼道理，便要力行，這種力行的舉止，也不是常人能及的。㊼我們看微子篇子路遇丈人以杖荷蓧章的記載：在丈人的一頓教訓後，子路居然「拱而立」！真是粗中也有細。難怪孔子說他「升堂矣，未入於室也。」（先進）子路的為人可以說是大醇而小疵，孔子看透了他的毛病，所以有機會就要壓壓他。

有一次冉求說，「不是不喜歡老師的道理，只是能力不夠。」孔子說，「能力不夠的人，是在做的中途力盡而止的；你現在是畫地自限、自己停在那裏不做。」㊽從這個記載，可以見出冉求畏縮的個性，孔子了解他的毛病，所以對症下藥，希望推推他。

現在的學生，多少有一種怨歎：總覺老師不夠了解我們。爲人師表的，在讀了論語這些記載後，不能不遙思孔子當年三千門徒，而老夫子對門下弟子知之如此深刻，並且因材施敎，發揮敎育最大的功能。宜乎！後世尊爲「萬世師表」！

附註

㈠ 先進篇：子曰，「回也，非助我者也；於吾言無所不說。」說，音義同悅。

㈡ 雍也篇：子謂仲弓曰，「犂牛之子騂且角；雖欲勿用，山川其舍諸？」犂牛，指耕牛。根據禮祀祭義的記載，古代天子諸侯必有養獸之官，祭祀時所用的祭牲，必於是取之，騂，音ㄒㄧㄥ，赤色也。角，指頭角方正。其，同豈。諸，是之乎的合音。

㈢ 女，音義同汝。六言指仁、知、信、直、勇、剛六事。六蔽指愚、蕩、賊、絞、亂、狂。朱注：禮，君子問更端，則起而對。故孔子諭子路，使還坐而告之。

㈣ 性，指常人天生的才質。習，指後天的敎育，習慣、環境的感染。

㈤ 朱注：或曰，「此與上章當合爲一，『子曰』二字，蓋衍文耳。」這個說法頗合理。

㈥ 現在傳世的論語版本，在上句「人」字下都有「以上」二字。這兩個字，當不是原始經文所有的。不知什麼時代，有個不通文理的人加上這二字以和下句「中人以下」相對稱。孔子似把人的資質分爲上、中、下三等，把大多數的人作爲中等；則上等和下等的人（所謂「上知」和「下愚」）便比較少了。中等的人如果教育得好，可以移向上等；至於中等以下的人（就是下等人），是不能移到上等的。因爲照孔子的意思，「上知」和「下愚」，都是不可移的（不受環境和教育的影響）。（見毛子水先生論語今註今譯）語，音ㄩˋ，告也。以言語告人而誘之爲善。

㊆ 朱注：困，謂有所不通。言人之氣質不同，大約有此四等。

㊇ 好，音ㄏㄠˋ，喜好也。劉疏：敏，勉也。言黽勉以求之也。

㊈ 朱注引范氏曰：顏子聞夫子之言，而心解力行，造次顚沛未嘗違之。如萬物得時雨之潤，發榮滋長，何有於惰；此羣弟子所不及也。

㊉ 包曰，「簣，土籠也。此勸人進於道德也。爲山者其功雖已多，未成一籠而中道止者，我不以前功多而善之也。見其志不遂，故不與也。」皇疏：「此獎人始爲善而不住者也。譬如平地作山：山乃須多土，而始覆一籠；一籠雖少，交（意同後世的「卻」字）是其有欲進之心可嘉。如人始爲善，善乃未多，交求進之志可重；吾不以其功少而不善之，善之有勝於垂成而止者。故云吾往也。」這章以「爲山」爲喻，來勸人進德修業。「譬如爲山」四字，是總貫全章的。「譬如平地」四字，則不知後來何人所妄加。「雖覆一簣」上援「譬如爲山」，和「未成一簣」相對成文。現在各種版本的論語都有

「譬如平地」四字，所以我們加括號記出。（參毛子水先生論語今註今譯）

㈠ 莊子知北遊：東郭子問於莊子曰，「所謂道，惡乎在？」莊子曰，「無所不在。」東郭子曰，「期而後可。」莊子曰，「在螻蟻。」曰，「何其下邪！」曰，「在稊稗。」曰，「何其愈下邪！」曰，「在瓦甓。」曰，「何其愈甚邪！」曰，「在屎溺。」東郭子不應。按：惡，音ㄨ，何也；「惡乎在」就是「在那裏？」期，必也。郭東子要莊子肯定答覆。螻蟻，螻蛄螞蟻；有知而微小的生物。稊稗，小米和稗，稊稗音ㄊㄧ ㄅㄞ；無知而有生的物。甓，音ㄆㄧˋ，塼也；瓦甓，無生而有形。屎溺，有形而臭腐。莊子所謂的道和儒家所說的道雖然不相干，但是「道無所不在」的道理，却是不可易的。

㈡ 朱注：「『如之何、如之何』者，熟思而審處之辭也。不如是而妄行，雖聖人亦無如之何矣。」按：「如之何」就是「怎麼辦」。

㈢ 說文：憤，懣也。啓，教也。清朝朱駿聲說文通訓定聲以悱是悲的或體。並說，「按論語不悱不發，悱亦悵恨之意。憤近于怒，悱近于怨，自怨自艾也。「舉一隅而示之」依皇本、正平本，朱注本沒有「而示之」三字。

㈣ 朱注：思齊者，冀己亦有是善。內自省者，恐己亦有是惡。

㈤ 此處的「三人」，指多數人，不必一定是三人。錢坫論語後錄：「子產曰，『其所善者吾則行之；其所惡者吾則改之：是吾師也。』此云善、不善，當作是解；非謂三人中有善不善也。」按：子產的話見左襄三十一年傳。

⑯ 史記仲尼弟子列傳：「曾參，南武城人，字子輿；少孔子四十六歲。」省，反省，自省。

⑰ 子張篇：衛公孫朝問於子貢曰：「仲尼焉學？」子貢曰，「文武之道，未墜於地；在人！賢者識其大者，不賢者識其小者：莫不有文武之道焉。夫子焉不學！而亦何常師之有！」

⑱ 這裏的「女」，讀作「汝」，現在我們說：「你」。（古書裏常借用「女」為「汝」字。）

⑲ 作，偽裝、裝作也。「擇其善者而從之」七個字，是「三人行、必有我師焉」章的文句而錯入這章的。這章必須刪去這七個字，全章的旨趣才會完全顯明！譯文裏沒有把這七字譯出。（見毛子水先生論語今註今譯）

⑳ 禮記少儀：衣服在躬而不知其名為罔。鄭注：罔，猶罔罔，無知貌。王引之經義述聞：何休襄四年公羊傳注：「殆，疑也。」

㉑ 多學，就是多聞、多見。識，音㞢，記也。

㉒ 子張篇：子夏曰：「日知其所亡；月無忘其所能：可謂好學也已矣。」皇疏：「亡，無也。」「月無忘其所能」的「無」，音義同「勿」，禁止的詞，我們說：「不要」。

㉓ 衛靈公篇：子曰，「羣居終日，言不及義；好行小慧：難矣哉！」鄭注：小慧，謂小小

之才知。難矣哉，言無所成。

㉔陽貨篇：子曰，「飽食終日，無所用心：難矣哉！不有博奕者乎？爲之、猶賢乎已！」博，說文作簙，是古代一種戲術，今不得其詳。奕，是圍棋的專名。

㉕脩，乾肉。古人以十脡爲一束；束脩，是十脡乾肉。（五條乾肉做一束，每條於中間受束處屈爲兩脡，脡音ㄊㄧㄥ。）古人行相見禮的時候，束脩是一種很普通的禮物。（見毛子水先生論語今註今譯）

㉖鄭注：互鄉，鄉名也。朱注：疑此章有錯簡。「人潔」至「往也」十四字，當在「與其進也」之前。譯文從朱注。

㉗說文：述，循也。劉疏：夫子本以身敎；恐弟子徒以言求之，故欲無言以發弟子之悟也。

㉘述而篇：子曰，「二三子以我爲隱乎？吾無隱乎爾！吾無行而不與二三子者；是丘也。」這章的意思，我們不能十分明白；不過，孔子表明他個人無所隱瞞，這個意思，我們還可以見出。

㉙好，音ㄏㄠ，愛好也。朱注：「遷，移也。貳，復也。怒於甲者，不移於乙；過於前者，不復於後。顏子克己之功至於如此，可謂眞好學矣。」現行論語版本「則」下有「亡」字。羣經平議：此與先進篇語有詳略；因涉彼文而誤衍「亡」字。既云「亡」，又云「未聞好學」：於辭複矣！釋文云，「本或無亡字。」當據以訂正。

⑳「食無求飽、居無求安」，鄭曰：「學者之志有所不逮也。」這是說：不以飽食、安居爲志向，不專求飽食、安居。敏事，是說勤勉於應行的事（應行的德行）。孔曰：「有道者，謂有道德者也；正，謂問事是非也。」

㉑簞，音ㄉㄢ，竹器，可以用來盛飯。食，音ㄙ，義同飯。瓢，義同瓠，可以用來盛水。

㉒劉疏：「宋氏翔鳳樸學齋札記：『三代之學，皆明人倫；賢賢易色，明夫婦之倫也。』今案夫婦爲人倫之始，故此文敍於事父母、事君之前。漢書李尋傳引此文；顏師古注：『易色，輕略於色，不貴之也。』又廣雅釋言：易，如也。王氏念孫疏證：引之云，『論語賢賢易色：易者如也；猶言好德如好色也。』」案：「好德如好色」見子罕篇及衞靈公篇。事君能致其身：孔曰，「盡忠節不愛其身。」

㉓出則弟的「弟」，音義同悌，善事兄長叫悌。汎，普遍。仁，指仁者。文，本指文字，這裏指文字記載的知識，就是指書本；在孔子的時代，一個讀書人所讀的書本，以詩（經）和書（經）爲最重要。

㉔八佾篇：子語魯大師樂；曰，「樂其可知也已。始作，翕如也；從之，純如也，皦如也，繹如也；以成。」我們現在聽不到古樂，當然不容易懂得這章的話。但是孔子和對音樂十分內行的大師（古代的樂官）論樂章的結構，可見孔子音樂知識的豐富。

㉕爲政篇：或謂孔子曰，「子奚不爲政？」子曰，「書云，『孝于惟孝；友于兄弟。』施

於有政，是亦爲政！奚其爲爲政？」

(三六) 憲問篇：子張曰：，「書云，『高宗諒陰，三年不言。』何謂也？」子曰，「何必高宗；古之人皆然！君薨，百官總己以聽於冢宰、三年。」

(三七) 述而篇：「子所雅言，詩，書；執禮，皆雅言也。」雅，正也。

(三八) 朱注：「爲，猶學也。正牆面而立，言卽其至近之地，而一物無所見，一步不可行。」「人而不爲」的「而」意同「如」。

(三九) 包曰，「小子，門人也。」

(四〇) 朱注：「蔽，猶蓋也。」「思無邪」，是詩魯頌駉篇的一句話。依照詩序駉篇是頌魯僖公的。鄭箋釋「思無邪」：「思遵伯禽之法，專心無復邪意也。」古人引詩每每斷章取義，我們姑不論原詩怎麼講，孔子引用這句詩，總有「用心不違於正道」或「心裏不生邪念」的意思。

(四一) 朱注：專，獨也。

(四二) 關雎，是詩經的首篇。淫，是太過的意思。

(四三) 朱注：衆人，謂勝人也。

(四四) 雍也篇：季康子問，「仲由可使從政也與？」子曰，「由也果，於從政乎何有！」

(四五) 子路篇：子路曰，「衞君待子而爲政；子將奚先？」子曰，「必也正名乎！」子路曰，

「有是哉、子之迂也！奚其正？」正名，馬曰：正百事之名。

㊻ 逃而篇：子謂顏淵曰，「用之則行，舍之則藏，惟我與爾有是夫。」子路曰，「子行三軍則誰與？」孔子對顏淵說，「人家要用我，我就出來做事；人家不用我，我就不出來：這種樂天的態度，只有我和你有罷！」子路說，「如果老師行軍用兵，又和誰一塊呢？」

㊼ 公治長篇：「子路，有聞未之能行，唯恐有聞。」「子路這個人，如果他所聽到的道理他還沒做到，最怕又聽到什麼道理。」「唯恐有聞」的「有」，音義同「又」。

㊽ 雍也篇：冉求曰，「非不說子之道；力不足也。」子曰，「力不足者，中道而廢：今女畫！」說，音義同悅。中道，是半途；廢，是止。畫，有「畫地自限」的意思。

孝弟──仁之本

孝是孝順父母，弟是尊敬兄長。弟本義指兄弟，引申爲「尊敬兄長」的意思，這個引申的意思後來有一個專字「悌」；不過，古書裏用「弟」作「尊敬兄長」講的很多。由於孝可以包涵弟義──能孝自然能弟，所以我們經常說「孝」而不及於「弟」。孝，是中國人精神文明的精髓，是一切德行的根本。古人說，「以孝治天下」、「忠臣必出於孝子之門」：孝是君臣士庶所共遵行的至德。

有子曰，「其爲人也孝弟而好犯上者，鮮矣！不好犯上而好作亂者，未之有也。君子務本，本立而道生，孝弟也者，其爲仁之本與！」㈠（學而）

有子說，「一個孝順父母、尊敬兄長的人而好冒犯君上，是極少的；不好冒犯君上而好作亂，是沒有的。一個有心世道的君子，致力於根本的事情，根本的事情做好了，世界自然就會太平；孝弟，應該就是仁的根本吧！」

程子說，「孝弟，順德也。」㈡一個人能孝弟，心情自然和順，自然不會做出犯上、作亂的悖逆、爭鬪的情事；政治上沒有亂臣賊子，天下自然太平，所以要天下太平，就得提倡孝弟之道，以期家家孝弟、人人和順。

孟懿子問孝。子曰，「無違！」樊遲御；子告之曰，「孟孫問孝於我；我對曰『無違』。」樊遲曰，「何謂也？」子曰，「生，事之以禮；死，葬之以禮，祭之以禮。」㈢（爲政）

孟懿子問孝。孔子回答說，「不要違逆！」樊遲替孔子趕車。孔子告訴他說，「孟孫曾向我問孝；我回答說『不要違逆』。」樊遲說，「這是什麼意思呢？」孔子說，「父母在世時，要依禮服事他們；父母過世後，要依禮葬他們，依禮祭他們。」

孝道雖然多端，但以順爲主；所以「無違」是一切孝行的基礎，能「無違」自然能承順親志、承歡親心。但是，天下事，並不是一成不變的；道理雖然容易說，臨事却並不那麼容易！讓我們看左傳的記述：晉獻公立了太子申生，並且有了重耳（後來的晉文公）和夷吾等子。有一次晉國打驪戎，驪戎獻了驪姬，後來驪姬生了奚齊，她就被立爲夫人，但驪姬並不滿意；爲了鞏固她的地位，希望立自己的孩子爲太子。她和朝中小人勾結，游說獻公把太子申生、重耳、夷吾羣公子都驅離京城、派到比較偏遠的地方去駐守。並且常挑撥他們父子間的感情，達成廢長立幼、立奚齊爲太子的目的。驪姬又和小人訂下毒計：驪姬對申生說，「國君夢見你母親，你一定要趕快祭祭！」當時申生的母親已經過去了，申生立刻回到自己派駐的宗廟所在地曲沃祭拜。拜過後把祭肉和祭酒送到京城呈給父親——這是古代的禮節。偏偏獻公去打獵了。（這一切都在驪姬的算計中了！）驪姬把酒肉放了六天，（天呀！）獻公回來了，驪姬加了毒呈了上去，獻公用酒祭地，（我們現在拜完後，不也把酒灑一點地上嗎！）泥巴地隆起了，（有毒嘛！）給狗吃，狗死了！給小臣吃，小臣也死了！（倒楣！）驪姬哭了：「禍害來自太子！」（惡人先告狀！）

獻公火大了！（胡塗呀！）申生怕了，跑回了駐在地曲沃，獻公殺了申生的老師杜原款消氣。（寃！杜原款！）有人勸太子說，「你要把事情和國君說清楚，國君一定會調查真象的。」申生說，「父王如果失去了姬氏，一定居不安，食不飽。我去訴說，姬一定有罪；父王年紀大了，（可不是！）做兒子的不能讓他開心，又怎能奪他所愛！」「那麼你快逃吧！」申生說，「父王沒有明察這件事，我擔了個殺父的罪名逃，誰會收容我？」辯也不成、逃又無路，唉！申生在曲沃上了吊！順了父親和驪姬的意。申生一死，驪姬就不怕什麼了，說，「羣公子都知道這回事！」想一網打盡。重耳、夷吾可沒死！他們都跑了。二十年後，重耳回到故國，重振晋威，成爲後人所謂的春秋五霸之一——晋文公。史家對這個事件記了一筆：「晋侯殺其世子申生！」申生爲了順父之意，甘把生命酬獻了，但却使父親背了殺子的惡名，所以後代史家稱申生爲「恭世子」，而不以「孝」許他！（孔子說，「小杖則受，大杖則走：不陷父於不義。」（孔子家語）——父親用小棍子打我們，我們就忍著，用大棍子打我們，我們就跑。——打死了，該怎麼辦?!）這個故事，很值得我們深思：孝，是什麼？怎麼做算孝？如果只要「無違」就算孝，那天下事就不會這麼紛紜了。

子曰，「事父母，幾諫；見志不從，又敬而不違；勞而不怨。」㈣（里仁）

孔子說，「服事父母，如果我們覺得父母有什麼不對的地方，我們要婉言勸諫。如果父母不聽，我們還是要尊敬父母，但也不放棄我們的意思；這樣我們也許很辛苦，但我們沒有怨恨。」

禮記樂記：「樂也者，情之不可變者也；禮也者，理之不可易者也。禮樂之說管乎人情矣。」㈤事實上任何事都當依乎事理、合於人情方爲合理；孝道，自不例外。以人情說，孝自以順爲德，但是如果父母有不對的地方，我們依舊順從無違，就是不合理的行爲。我們從孔子在顏淵死後，顏路請子之車以爲之椁時的囘答，可以體會出：孔子處事的合情合理！孔子雖然認爲孝是「無違」，但決不是不分是非、一味依從！既然不依，當然就是反對；就是反對，也得合情合理。父母雖然有不是，但父母還是父母，這並不因父母有不是的地方就有所改變，既如此，就不能以待仇人、敵人、犯人的態度來對付父母——這不合情；我們勸了，如果父母不聽呢？放棄嗎？——事情受點挫折就放棄，這不合理。孝經上說，「父有爭子，則身不陷於不義。故當不義，則子不可以不爭於父、臣不可以不爭於君。故當不義，則爭之；從父之令，又焉得爲孝乎?!」爭就是諍，是用言語勸諫。委屈從父之令，算不得孝！難怪申生不爲「孝」了！「一個人事君，態度上太過急切，就會找來侮辱；一個人交友，態度上太過急切，就會被疏遠了。」㈥事君、交友態度上固不可急切；勸諫父母尤當微言婉諫，若操之太急，不免傷親子之情。雖然孟子說，「國君把臣子當土當草看待，那麼臣子就把國君當仇人看待。」㈦雖然「如果一個人沒有朋友，那麼，他可以下臺去。」㈧但是友誼不可強求，也強求不來！所謂合則來、不合則去。親子不同！親子關係不是登個報就能解除的，視父母如寇讎，更是匪夷所思！好了，親子關係不容忽視、父母總是父母，而我們也有我們的看法、立場，爲了求全，只好委屈！孔子既說「無違」，又說「事父母幾諫」，顯然孔子希望孝之爲道，是合情合理的；如果因爲承「無違」的敎訓，而弄出愚孝的行爲，那實不是孔子說話的本意。我們不得不說一句：古代流傳下來的二十四孝的故事，其精神是鑠古耀今的，但我們如果只襲故事而忘其精神，那就是捨本逐末。比如王祥臥冰取鯉的故事，其精神很可取，其事就近於荒謬！（如果說成剖冰取鯉，是比較不會引起非議的，但故事的動人精神却也打了折扣！）水可以載舟、可以覆舟，藥可以醫人、可以殺人，知識可以幫助人，但有時也能誤人——如果我們不能謹愼運用！

曾子有疾；召門弟子曰，「啓予足！啓予手！詩云，『戰戰兢兢：如臨深淵；如履薄冰。』而今而後，吾知免夫！小子！」㈨（泰伯）

曾子病了；叫來了他的學生，說，「看看我的脚！看看我的手！詩經上說，『戰戰兢兢，好像立在深潭的旁邊〔就怕掉下去〕；好像踏在薄冰上面〔就怕陷下去〕。從今以後，我知道我是不必怕〔身體受毀傷〕了！」

孟武伯問孝。子曰，「父母唯其疾之憂。」㈩（爲政）

孟武伯問孝。孔子說，「一個人，如果能夠使他的父母只爲他的疾病操心，那就可以算作孝了。」

孝經開宗明義章：「身體髮膚、受之父母，不敢毀傷，孝之始也；立身行道、揚名於後世，以顯父母，孝之終也。」大戴禮曾子大孝篇：「樂正子春曰，『吾聞之曾子：曾子聞諸夫子曰：天之所生，地之所養，人爲大矣。父母全而生之；子全而歸之：可謂孝矣。』」唐代的詩人李賀（七九〇——八一六）作詩的情形很特別。相傳他每天早晨騎了弱馬出去，命小奚奴背古錦囊跟著；如果得了一句半句，就寫了投進囊中，到日暮黃昏回家後，才分別足成篇章。這種生活，除了大醉或喪弔，不曾間斷。每一次他回到家中，母親鄭夫人命侍婢查看錦囊，看見寫得多，就又憐又恨的說道：「我兒是要嘔出心，才肯罷休了！」尼采說一切文學我愛以血書的！每一件藝術品，對作者說都是嘔心泣血的成果，而「父母唯其疾之憂！」詩經邶風凱風：

凱風自南，吹彼棘心。棘心夭夭，母氏劬勞。
凱風自南，吹彼棘薪。母氏聖善，我無令人。
爰有寒泉，在浚之下。有子七人，母氏勞苦。
睍睆黃鳥，載好其音。有子七人，莫慰母心。㊉

幼嫩細柔的棗樹芽，長成了粗壯堅實的棗樹，母親要付出多少苦心。小的時候，如果我們不滿意，我們只要張開嘴扯開喉嚨——大哭，媽媽準忙不迭的趕來，又親又哄又抱；渴了、餓了、濕了，果汁瓶、奶瓶、尿片。一個嬰兒，母親要為他洗多少尿片、消毒多少瓶子！我們肢體健全、頭腦靈活，可知母親操了多少心、擔了多少驚！如果母親一個沒留神，我們可能把小手伸進了插頭、我們可能錯把墨水當果汁、我們可能弄翻開水壺，我們可能……父母給我們生命、使我們的生命茁壯，我們不忍、也無權傷害生命，如果我們愛父母，就從寶愛自己的身體開始吧！當然人吃五穀雜糧，偶然染上疾病，也是難免；不過我們卻不能自己作孽，暴飲暴食、徹夜遨遊，都不是惜生之道。父母在我們身上投注的心力，真是至矣盡矣，死而後已！如果我們事事好自爲之，父母自可少操些心。

子游問孝。子曰，「今之孝者，是謂能養。至於犬馬，皆能有養；不敬，何以別乎！」⑫（爲政）

子游問孝。孔子說，「現在人的孝，只是能養父母。至於犬馬，人也餵養牠；如果只養而不敬，那麼養犬馬和養父母，還有什麼不同！」

子夏問孝。子曰，「色難！有事，弟子服其勞；有酒食，先生饌：曾是以爲孝乎！」⑬（爲政）

子夏問孝。孔子說，「這和顏悅色最難！有事，人子中年紀輕的來做；飲食，年紀大點的來具備：難道這就可以算是孝子嗎？」

我們常常覺得物質不能代表一切，心意才是最重要的。小朋友寄給前方戰士的一張卡片，學期末了，同學獻給老師的一束鮮花；禮雖輕、情却重。孝順父母，不是富貴之家的專利；事實上「寒門出孝子」！我們只要盡自己的力量，侍奉父母，那就是孝。雖然是粗茶淡飯、雖然是陋居狹巷，只要拌和上敬意、孝思，就香甜、就舒坦。母親節，小女生獻上一張「童畫」，唱一首「媽媽的眼睛像星星」，哦！寶貝！鹽鐵論孝養篇：「上孝養志，其次養色，其次養體。」養志！養志！不是一時、半刻，那是歲歲、年年，時時、刻刻！莫怪孔子要說「色難」！不過，我們要記住：對待餓飯的人，都不能說，「嗟來！食！」㈣何況是對生身的父母。

曾子曰，「愼終追遠，民德歸厚矣！」㈤（學而）

曾子說，「我們對親長的喪事謹愼料理，對祖先的祭祀恭敬從事，那麼風俗便自然趨向敦厚了！」

孝道多端。我們要盡孝，我們可以從許多方面做；比如，父母的年齡，不可不知，一方面我們為他們的年齡增加而高興；一方面也為他們的身體衰老而擔心。㈥比如，父母在的時候，不到遠方去遊；如果出遊，必有一定的方向。㈦沒有一個子女不希望和父母永遠在一起，我們見他們年齡增加自然高興；但是再一想，年齡增加人也必衰老了些，心裏自然害怕，害怕和父母沒有太多共處的日子。實在，人有一種共同的毛病，缺什麼希望什麼，至於眼前有的就不知珍惜；生病的人希望健康、沒有父母的人渴慕親情的關愛。可是，健康的人就不知寶愛身體，甚至糟蹋身體；父母在眼前的人每每不知承歡膝下，甚至迕逆頂撞、傷父母的心。人們從歷史得的教訓並不多，所以歷史經常重演；「樹欲靜而風不止，子欲養而親不待」的警言並沒有喚醒多少人，所以父母憂愁、子女怨懟的眼神也常出現。我們靜心想想，人生在世、沒有什麼比做人難的了，「近之則不孫、遠之則怨」的困擾也常有的；不是嗎！我們對人太親近了，別人說我們虛偽，甚至說我們想討便宜；較疏遠吧，別人又說我們擺架子，有啥了不起！事實上，子女要盡孝固然不易，父母要讓子女滿意也大不易。一個晚上到外面晃蕩的兒子，聽到外面一聲吆喝，就要開步走了，他老媽可說話了：帶件衣服，別涼著；過馬路小心呀！早點回來，我給你等門。好了！好了！煩不煩嘛！兒子可不耐煩了。見了面，外面的說話了：你老媽真不錯，挻關心你的。我就是死在外邊，我老爸老媽也不會疼。我要是你，我才不出來蕩。另一個開腔了：我爲什麼不出來！我不出來我會瘋，嚕嗦！煩不煩嘛！父母多難呀！關心是嚕嗦，放任是冷淡！蔣主席說故事上有一段「騎驢的笑話」，很有意思：有兩兄弟牽著一匹驢子走在街上；哥哥騎驢，弟弟走路，旁人看了就講：這哥哥太不愛護弟弟了。於是弟弟騎驢，哥哥走路，又有人說：弟弟不明理，爲什麼不讓哥哥騎呢？然後兩兄弟都騎驢，別人又批評他們虐待驢子。最後兩個人都不騎了，別人又說他倆有驢不騎是愚蠢。我們要說：那能盡如人意，但求無愧於心。只要我們心意夠，就夠了；我們無法活在別人的評論中，而一個人想要每個人都說他好、都說他對，那幾乎是不可能的。

投一粒石子到水塘，立刻引起一陣水分子的騷動，我們可以看見的是一波一波的淪漣。同樣的，人和人相處，就該顧慮到別人的感受，因此我們要自我約束——我們並不奢望別人的好評，但我們要自我要求！我們要要求自己，我們不能、也無法要求別人！有父母，才稱子女；同樣的有子女，才稱其爲父每：這關係是相對的，而不是絕對的。這個道理，墨子說得最明白：

子自愛不愛父，故虧父而自利；弟自愛不愛兄，故虧兄而自利；臣自愛不愛君，故虧君而自利：此所謂亂也。雖父之不慈子，兄之不慈弟，君之不慈臣，此亦天下之所謂亂也。父自愛也，不愛子，故虧子而自利；兄自愛也，不愛弟，故虧弟而自利；君自愛也，不愛臣，故虧臣而自利。是何也？皆起不相愛。（兼愛上）

墨子這個文章，乍讀不免生累贅之感；但墨子所以不煩費詞，從子、弟、臣的立場說，又從父、兄、君的立場說，不外強調，人倫間的雙軌關係。爲子、爲弟、爲臣的由於自私而虧父、虧兄、虧君，這是天下之所謂亂。同樣的，爲父、爲兄、爲君者爲了自利而虧子、虧弟、虧臣，這也是天下所謂亂。那麼天下的亂，莫不由於人爲利己至損人、因自私而不相容了。只要人人愛人如己——君臣、父子、兄弟都包括其中，無一例外！這種「兼愛」的精神和孔子的泛愛、基督的博愛並無二致。

現在社會上犯罪的事件越來越頻，而青少年的犯罪比率相當高，這反應出：青少年的問題已經相當嚴重；即便在父母師長心目中可以放心的孩子，心中也許還有好多怨懟——怨社會、怨學校、怨老師、怨父母。幾年前老人院傳出殺人凶案，老人問題也因此而爆發！爲人父母的年輕時爲子女忙碌，年紀大了，體力衰了，子女飛了——個人闖自己的天下去了，老人心裡好生怨恨，怨恨子女。兩代之間彼此「交相惡」，於是代溝產生了。

「養兒防老」是中國人根深蒂固的老觀念。這話如果送給年輕的子姪輩，以提醒年輕人，父母對子女的願望，則替爲人父母的說了心裏的話，該是用意良美的。可是不幸這句話只有爲人父母的心裡抓得牢牢的，而年輕人却說「我們爲自己活」！父母既心存希望，到這時不免失望了。胡適之先生有一首詩「我的兒子」：

我實在不要兒子，
兒子自己來了。
「無後主義」的招牌
於今掛不起來了！
譬如樹上開花，
花落偶然結果。

那果便是你。
那樹便是我。
樹本無心結子，
我也無恩於你。

但是你旣來了，
我不能不養你敎你，
那是我對人道的義務，
並不是待你的恩誼。

將來你長大時，
莫忘了我怎樣敎訓兒子：
我要你做一個堂堂的人，
不要你做我的孝順兒子。

這詩亦莊亦諧，很有意思。每一個爲人父母的能體認養兒敎子是「對人道的義務」，而不是「恩誼」；那麼我未施恩，又何望酬報！而既未懷希望，自無所謂失望。他日子女反哺一、二，就是意外收穫，豈不喜出望外；即便子女遠棲高飛，也都是意料中事，更無所謂怨歎了。

我們要說，潤了兒身、瘦了娘親，長了兒身、老了雙親。母親懷胎十月，生下來的是個紅多多的小東西，小東西只要裂裂嘴，就是半夜三更、睡意正酣，母親也會顚倒衣裳、翻落下床。在睡意未消下，母親可能拿翻了奶瓶，熱開水倒將下來，水溢流燙了手，燙醒了母親！當我們要耍賴、要頂撞時，想想吧！父母養育子女，是天職、是責任、是責無旁貸、是不容推委；但是，子女不能以爲一切理所當然。人生所以美好，因爲有愛；世界所以可愛，因爲有情。一個沒有愛心的人，鳥語花香對他都沒有意義——他心裡沒有春天；只有心存感謝的人才有福才快樂。我們每每在論及青少年犯罪問題時，不是指責社會，就是歸咎學校，要不然就是父母對不起孩子，至於闖禍的當事人是千樣的委屈、百種的無奈；可是他却是事情所由生——不管什麼原因，事情總是他做出來的。謊話說一遍是謊話，說一百遍就成了真話。我們這麼寵這些嬌兒嬌女，於是年輕人就只知有我、目中無人，全不問別人曾給了他什麼，只論別人沒給他什麼！怨天尤人，怒氣干天！愛和被愛同樣幸福。年輕人說：父母不了解我們！可是我們何嘗了解父母？我們要求被愛我們也得愛人！「施恩愼勿念，受施愼勿忘。」父母子女都當深思、切記！

中國古代講孝講忠，是對人子人臣的敎訓。現在講「孝」子忠僕是對爲人父母的和爲民公僕者的要求。我們總覺得人際關係都是相對的，單方面的苛求，有時不免助長一方氣焰而使雙方形同水火。──就好比做父母的，老是叫哥哥讓弟弟，久之，不免使哥哥恨弟弟。左傳上鄭伯克段的故事㊇就是個鮮明的例子。天下事不外情、理二字，每個人認清自己的角色、盡個人的本分──父母有父母的樣，人子有人子的形。不忮不求㊈，爲父母的固不能要求子女一味順親，事實上求也求不得！爲子女的更不當要父母「孝」子「孝」孫。一切發乎情、中乎理，社會自然和諧、天下自然太平。

以上的意思，大半依據數年前我所發表的「從墨子兼愛說起」。在那篇文字我有後記：「我上有父母，下有稚女。用作上文，以爲惕勵！」不想數年之內，父母相繼大去，許多要爲他們做的事，沒有做；許多想對他們說的話，沒有說；天乎！痛哉！

附　註

㈠有若，孔子的弟子。在論語裏記載弟子，通常都稱字，如：子路、子貢，顏淵（字上加氏）等；只有有若和曾參稱子，宋朝的程子以爲：「論語之書，成於有子、曾子之門人，故其書獨二子以子稱。」這個說法似可信。好，音ㄏㄠ。朱注：「犯上，謂干犯在上之人。鮮，少也。務，專力也。本，猶根也。」與，通歟。「本立而道生」的「道」和「朝聞道」的「道」，同，都是指天下有道，世界太平。

㈡見朱注引。

㈢孟懿子，就是魯大夫仲孫何忌；懿，是謚。根據左昭七年傳的記載：孟懿子從父孟僖子的遺命，師事孔子。但史記仲尼弟子列傳不列懿子的名。劉疏：「懿子受學聖門；及夫子仕魯墮三都，懿子梗命，致聖人之政化不行：是實魯之賊臣。弟子傳不列其名；此（孔）注但云『魯大夫』亦不云『弟子』：當爲此也。」劉疏言之成理。「無違」的無，音義同毋，是禁止的詞，義同現在的「不要」。「事之以禮」的「以」，當「依」講。

㈣包曰，「幾者微也。」「又敬而不違」，「而」字依皇本，他本沒有而字。「不違」是不違勸諫的初衷。禮記內則：「父母有過，下氣、怡色、柔聲以諫。諫若不入，起敬起孝；說則復諫。不說，與其得罪於鄉黨州閭，寧孰諫。」（鄭注：「起，猶更也。」

說，同悅。）

㊄鄭注：管猶包也。

㊅里仁篇：子游曰，「事君數，斯辱矣；朋友數，斯疏矣。」邢疏：「此章明爲臣、結交，當以禮漸進也。」集解：「數，謂速數之數。」就是急切的意思。

㊆孟子離婁下：孟子告齊宣王曰，「……君之視臣如土芥，則臣視君如寇讎。」趙岐注：「芥，草也。」焦循正義：「土芥謂視之如土如草，不甚愛惜也。」

㊇見培根論文集談友誼。

㊈說文：「睯，省視也。」王念孫以爲論語這章的「啓」是「睯」的通用字，應該訓爲省視。這章所引「戰戰兢兢」的詩在小雅小旻篇。戰戰兢兢，是恐懼戒愼的意思。

㊉馬曰，「武伯，懿子之子、仲孫彘；武，諡也。言孝子不妄爲非；唯疾病然後使父母憂。」

⑪凱風，南風叫凱風。說文：「棘，小棗叢生者。」心，纖小也。夭夭，形容樹木幼嫩茂盛的樣子。劬，音ㄑㄩˊ，勞苦的意思。薪，樹木長大可爲薪。聖，睿智也。令，善也。浚，衛的邑名。睍睆，音ㄒㄧㄢˇㄨㄢˇ，美好貌。載，猶則也。

⑫王引之經傳釋詞：「是謂能養：是與祇同義。」朱注：「養，謂飲食供奉也。犬馬待人而食，亦若養然。言人畜犬馬，皆能有以養之，若能養其親而敬不至，則與養犬馬者何

異。甚言不敬之罪，所以深警之也。」

㊂ 色難，鄭曰，「言和顏說色是難也。」劉台拱論語駢枝：「年幼者爲弟子，年長者爲先生：皆謂人子也。饌，具也。有事，幼者服其勞；有酒食，長者共具之。是皆子職之常，何足爲孝！」說文：「曾，詈（詞）之舒也。」段注：「按：曾之言乃也。論語：曾是以爲孝乎！訓爲乃，則合語氣。」這個「曾」字，語氣和我們說「難道……嗎？」相同。

㊃ 禮檀弓：「齊大饑，黔敖爲食於路，以待餓者。有餓者貿貿然來，黔敖曰，『嗟來！食！』餓者揚目而視之曰，『予唯不食嗟來之食，以至於斯。』終不食而死。」嗟來，猶嗟乎，來是語助詞。（莊子大宗師：「嗟來桑戶乎！」）

㊄ 孔曰，「愼終者，喪盡其哀；追遠者，祭盡其敬。」

㊅ 里仁篇：子曰，「父母之年，不可不知也。一則以喜；一則以懼。」鄭注：見其壽考則喜，見其衰老則懼。

㊆ 里仁篇：子曰，「父母在，不遠遊；遊，必有方。」

㊇ 鄭武公從申國娶了位夫人，叫武姜；武姜生了莊公和共叔段。由於莊公是難產，使他母親武姜吃了苦頭，因此武姜不喜歡莊公；却把愛意全投到小兒子共叔段身上。甚至想讓共叔段繼承武公的君位，可是武公沒答應。武公死後，莊公就位，武姜還不死心；變本

加厲幫助小兒子共叔段，陰謀造反，奪取大兒子莊公的位。最後鄭莊公把弟弟打敗，並且把他放逐出國；雖未殺絕，却已趕盡，兄弟鬩牆，實屬不幸。事見左隱元年傳。

㊈ 詩邶風雄雉：「不忮不求，何用不臧。」忮，是嫉妒的意思。臧，善也。「不忮不求」指一個人不嫉妒、不貪求，我們引這個話，意思自然偏重在「不求」上。

仁——克己復禮

說文：「仁，親也。从人二。」孟子梁惠王下：「仁，人也。」那麼，仁應該是人的道理；而兩個人在一起，自必產生彼此相處的問題，人際關係於是發生。仁，就是維持人際關係的道理，所以「从人二」——一個人獨處，自無所謂人際關係產生。人和人相處，是最難的事、最麻煩的問題，因此「仁」在孔子思想中是最有價值的部分。

子曰，「里，仁爲美；擇不處仁，焉得知！」㊀（里仁）

孔子說，「住家，尚且以有仁風的地方爲好；選擇做人的道理，却不知道選擇仁，這還可以算得聰明嗎！」

孟子離婁上：「仁，人之安宅也。」一個人做人必須依仁而行，行仁的人爲仁人；以仁道施政，就是仁政，「君行仁政，斯民親其上、死其長矣。」（孟子梁惠王下）所以「仁者無敵」（梁惠王上）。仁，是放諸四海而皆準的道理，仁之爲道大矣！什麼是「仁」？

顏淵問仁。子曰，「克己復禮爲仁。一日克己復禮，天下歸仁焉。爲仁由己，而由人乎哉？」顏淵曰，「請問其目。」子曰，「非禮勿視，非禮勿聽，非禮勿言，非禮勿動。」顏淵曰，「囘雖不敏，請事斯語矣！」㊁（顏淵）

顏淵向孔子請敎爲仁的道理。孔子說，「爲仁就是克制自己、循禮而行。一個人能夠做到這個地步，天下的人就立刻稱他爲仁人了。仁是由自己去行的，難道是由別人給的嗎？」顏淵說，「請問那爲仁的細目。」孔子說，「不合禮的不看，不合禮的不聽，不合禮的不說，不合禮的不做。」顏淵說，「囘雖然不聰敏，一定做到老師這話！」

禮是人應該遵行的正道，不過有時由於感情的衝動而違離正道，就是違禮。一個人能控制自己的感情，避免行爲脫軌而發生違禮的事情，就是克己復禮，也就是仁了。實在講起來，我們人最大的敵人，不是別的、却是我們自己。一個人跌倒了，不肯爬起來，別人是扶不起來的；卽使扶起來了，也難保他不再跌倒！史記商君列傳：「自勝之謂彊。」㊂這話說得好極了。魚必自敗然後蟲生焉！沒有什麼外在的力量，能夠打倒我們——如果我們自立自強！「三軍可奪帥也，匹夫不可奪志也。」（論語子罕）卽使是一個普通人，只要意志堅定，橫逆風雨只是一種考驗、磨鍊。當然人受氣於天地之間，有時難免使氣、控制不了自己的感情；有時又克制不了自己的自然性，比如好逸惡勞等。如果我們不能克制自己，就什麼事也做不成。當然感情發洩是很痛快的，而舒服誰不會找！可是人要自制、要克己、要自勝就得「勉強」自己！（在日文中，學習、用功、努力的意思，漢字寫作「勉強」！）如果我們不能「勉強」自己，我們什麼也做不成。因爲我們要找藉口是太容易了：天氣不好、身體不適、情緒不佳……太多了。我們要隨時記住：真正的強人，不是氣粗、拳頭硬，是時時自我反省、自我克制、自我勉強！　孔子告訴顏回：爲仁由己、非由人。我們覺得人經常犯一種毛病：太重視別人的評價，而缺乏自知之明！（兵家說：知己知彼百戰百勝！一個人沒有自知之明，怎麼打人生的仗?!）以至陶醉在掌聲中而迷失自我。一個人能「舉世而譽之而不加勸、舉世而非之而不加沮。」㈣自可寵辱皆忘，行所當行。顏淵是孔子門下資質最高的學生，仁是孔子心目中最高的德行㈤，顏淵問仁，孔子告訴他「非禮勿視、非禮勿聽、非禮勿言、非禮勿動」，視、聽、言、動，是每個人日常的行動，勿犯非禮，是常人都懂得的道理。一個天資最高的學生問到最高的德行，孔子却只給了他四句最粗淺的話，這實在是一件可驚怪的事！從這裏我們可以領悟：聖人敎人養心修德，只在日常行爲上着力，一切平平實實做去，其間並沒有高不可及或玄妙的道理。所謂「勿視、勿聽、勿言、勿動」，只是要人時時刻刻注意自己日常的行爲，而沒有絲毫苟且、絲毫含糊，這就是「爲仁由己」的真正功夫！如果我們「無終食之間違仁：造次必於是！顚沛必於是！」㈥那麼仁實不是高不可及、不是常人做不到的，我們如果要仁，那麼仁就來到了！㈦聖人的道理看似高遠，其實都是平實可行的。事實上，世界上最好的道理都是很容易懂、很容易行的，一種道理講出來，如果旁人聽不懂，那麼說的人，不是在騙別人、就是在騙自己！

仲弓問仁。子曰，「出門如見大賓；使民如承大祭。己所不欲，勿施於人。在邦無怨；在家無怨。」仲弓曰，「雍雖不敏請事斯語矣。」㊇（顏淵）

仲弓向孔子請敎爲仁的道理。孔子說，「出了大門，對人要十分恭謹；用老百姓的時候，要十分敬肅。凡是自己不喜歡人家向我們做的事情，我們也不要做到別人的身上。無論在什麼地方都不要使人怨恨。」仲弓說，「雍雖然不聰敏，一定做到老師這話！」

子曰，「參乎！吾道一以貫之。」曾子曰，「唯。」子出，門人問曰，「何謂也？」曾子曰，「夫子之道，忠恕而已矣！」㊈（里仁）

孔子說，「參，我平日所說的許多道理，是可以用一種道理來貫通的。」曾子說，「是的。」孔子出了講堂，同學們問曾子，「老師說的什麼意思？」曾子說，「老師的道理，不過『忠恕』罷了！」

子貢問曰，「有一言而可以終身行之者乎？」子曰，「其『恕』乎！己所不欲，勿施於人。」㊉（衛靈公）

子貢問道，「有一個字可以一輩子照著做的嗎？」孔子說，「那該是『恕』

吧！自己所不喜歡的事，就不要加在別人身上！」

子貢曰，「我不欲人之加諸我也，吾亦欲無加諸人。」子曰，「賜也，非爾所及也！」㊉（公冶長）

子貢說，「我不希望別人加到我身上的事，我也不希望加到別人身上。」孔子說，「賜呀！你還沒有做到這個地步。」

孔子平時對弟子的敎訓自然很多，所以特別以「吾道一以貫之」做爲提綱挈領的提示。道，本來指道路，引申當道理講。千言萬語總歸一個：恕！這「恕」是古來聖哲敎人做人的道理中，最可貴的一個字！所以子貢問：「有一言而可以終身行之者乎？」孔子就答以「恕」。恕是己所不欲，勿施於人。也就是禮記中庸所謂：「施諸己而不願，亦勿施於人。」而曾子所說的「忠恕」和孔子所說的「恕」意義完全相同。

西方哲學家說，「人各自由，而以他人之自由爲界。」比如：我們有保衞身體的自由，我們不希望受到別人的傷害，那麼我們也不可以傷害別人的身體；我們有秘密通信的自由，不希望別人偷看我們的書信，我們自然不可以偷看別人的書信；

我們不希望被騙，我們就不該騙人；我們不喜歡被人打、被人駡，我們就不該打人、駡人。我們只要將心比心、把別人當自己看待，就能做到恕。話是容易說，做可就不容易！我們現在寫的「私」字，說文上作「ㄙ」，這就是我們的心的形，可見古代人就已經體認一個事實：人心的自私！既然人都有私心，要做到處處爲他人設想，想到自己的好惡的同時，也能想想別人的感受，這就不容易！比如：我們等公車，沒上車，希望車停下來，希望上得去！上得車，就恨不得是班直達車——到我們要下的站再停！「後面還有空！擠擠嘛！」車下的說。「還上，還上！擠死人了！」車上的說。「嫌擠，下去嘛！車下那麼多人，讓讓嘛！」車掌小姐說。車掌小姐可以說公道話——如果她是位盡責的車掌。人由於不能克制自己，所以表現得自私自利。由此看來，「克己」實在就是實行「恕」道的一種方法。我們必須克制我們的私心、私欲，才能做到「己所不欲、勿施於人」！這自然不是簡單的事，必須有相當的德行修養才能做到。而一個人能做到恕，自然也就已經做到「仁」了，說到這裏，我們也許可以了解孔子很少以仁許人的原因了。

我們說，「己所不欲、勿施於人」；如果我們說，「以己所欲，施於人。」是不是可以呢？比如，我喜歡喝酒，就強向人敬酒；我喜歡抽烟，就強迫別人接受薰陶！我喜歡打牌，別人就得奉陪。這成嗎？自然不成。由於一個人所喜歡的，並不一定正當，即便是正當的，別人也未必感興趣——我們喜歡彈琴，別人也許以爲是噪音！我們喜歡貓狗，別人以爲會傳染疾病！如果完全以自己的尺度衡量別人，我們的出發點雖然不壞，但結果每每有害無益。

孟子梁惠王上：「〔孟子〕曰，『詩云：刑于寡妻，至于兄弟，以御于家邦。言：舉斯心加諸彼而已。故推恩足以保四海，不推恩無以保妻子。古之人所以大過人者無他焉，善推其所爲而已矣。』」⑫孟子所謂「推恩」，正是「恕」道的積極面。孔子說，「自己要立，便讓別人也立；自己要達，便讓別人也達。」⑬這就是行仁的道理、恕道的積極表現。

司馬牛問仁。子曰，「仁者其言也訒。」曰，「其言也訒，斯謂之仁已乎？」子曰，「爲之難；言之得無訒乎！」⑭（顏淵）

司馬牛向孔子請敎爲仁的道理。孔子說，「仁人的話都很遲鈍。」司馬牛說，「一個人話說得遲鈍，就算是仁了嗎？」孔子說，「做事情是不容易的，話怎麼能不說慢點！」

舌頭比手脚快，是人們常犯的毛病；所以孔子要說，「君子欲訥於言而敏於行。」（里仁）「古者言之不出，恥躬之不逮也。」（里仁）古人不隨便說話，因爲說了而做不到是可恥的。一個成德的真能「久要不忘平生之言」[15]。老子說：「輕諾必寡信」，一個人要做到言出必行，就必須重然諾。曾子的太太，因爲兒子啼哭不止，就說，「別哭，殺豬給你吃。」曾子要殺豬了，太太不肯：「小孩子嘛！我不過隨便跟他說說！何必認真！」曾子說，「對小孩子是不能隨便說說的，小孩子不懂什麼，他們全是跟父母學樣，現在騙他，就是教他欺騙。一個母親騙孩子，兒子不信任母親，這不是教育的道理。」結果豬還是殺了。春秋時晉文公伐原，帶了三天的糧，預計三天可以拿下，三天後原不投降，就預備班師回國；這時城裏的間諜傳出消息：「原就要降了。」底下人都希望再等等。但是文公說，「信，國之寶也、民之所庇也，得原失信，何以庇之？」退了三十里原人就投降了。（左僖二十五年傳）信能使敵人低頭，使朋友間更親近。春秋時候，季札過徐，徐君很喜歡季札的佩劍，不過說不出口，季札心裏明白，不過季札當時還有任務在身，所以沒有把劍送給徐君。等到季札完了事回到徐，徐君已經故去，季札把佩劍解下，掛在徐君冢樹上才離開。寶劍上的輝光正是友誼的光輝。難怪古人要說，「得黃金百斤，不如得季布一諾。」㊅我們覺得社會的秩序，就靠人人言出必行、言行一致來維繫。一個人輕率多言，「言多必失」！對自己是有害無益的；而言行不符更是個人的敗德，破壞人際關係和協的因素。俗語說，「叫喚的鳥不肥。」非洲人說，「不說無益的話，免得口渴。」我們實不能不愼呀！「禍從口出」！

孔子以爲「言辭，足以表情達意就夠了！」㊆如果我們講求修辭造句，也只是爲了達意——更準確的表達我們的意思、以發揮語言（文字）的功能，而決不是花言巧語以譁衆取寵甚至招搖撞騙！我們想孔子很了解語言的功能，所以他也不避諱的說，「察言而觀色。」（顏淵）但是，如果一個人的語言，只講求形式的修飾，那麼禍害比根本不會說話來得大得多，孔子對這種毛病一定有深刻體認，所以他不止一次的說，「巧言令色，鮮矣仁！」㊇說，「巧言亂德。」（衛靈公）說，「巧言令色足恭，左丘明恥上，丘亦恥之。」（公冶長）人和人相處，貴在和氣。巧言、令色、足恭——說話中聽、面容和悅、態度謙恭，不但不是壞事，還是做人必須的態度；不過一個人只講求外表，而不重內在的修養，就不足道。一個人巧言令色並不等於他做到了仁，仁重在躬行道德，外表的儀文算不得是仁！所以他討厭「

佞者」㈨、討厭「利口之覆邦家者」（陽貨）！我們觀察人必須「聽其言而觀其行」（公治長）。在虛僞多詐的世上，如果要知道一個人是不是有道德，要從他實際的行爲來衡量，決不可只依外表的儀文來評定。我們更要記住的是：如果我們要說話了，我們就慢點說——我們要做話的主人；切莫浮言躁語、事後追悔——成了話的僕人。

子張問仁於孔子。孔子曰，「能行五者於天下，爲仁矣！」「請問之。」曰，「恭、寬、信、敏、惠。恭則不侮，寬則得衆，信則人任焉，敏則有功，惠則足以使人。」（陽貨）

子張向孔子請敎仁。孔子說，「能夠做到五樣事情，就算仁了！」「請問是那五樣？」孔子說，「恭謹、寬厚、誠信、勤快、惠愛。恭謹就不致招致侮辱，寬厚就能得人心，誠信就能得人信賴，勤快就能成事功，惠愛就能使人爲我所用。」

孔子告訴顏淵：仁是克己復禮，是非禮勿視、非禮勿聽、非禮勿言、非禮勿動；告訴仲弓：仁是己所不欲，勿施於人；告訴司馬牛：仁者、其言也訒。我們以爲，能恭謹、勤快，才能力行克己復禮，才能時時刻刻勿視、勿聽、勿言、勿動非禮；能寬厚、惠愛才能恕以待人；能誠信才能訥口少言。勿犯非禮，己所不欲、勿施於人，訥口少言：乃是一個人要做到仁，在行爲上要注意的事情；恭、寬、信、敏、惠，乃是一個人要做到仁，在性格上該具備的條件。一個天性具備恭寬信敏惠資質的人，如果再加後天的努力，在言行各方面多磨鍊，自然可以止於至善、達於至德。樊遲問仁；孔子告訴他：「愛人。」這兩個字真抵得上千言萬語。我們想社會秩序、人際關係都靠一個字維繫：愛。如果人類沒有愛心、人們不再愛人，那麼社會必將充滿恐怖、人和人之間也只剩下仇恨。英國詩人威廉布萊克的毒樹：

我對朋友感到憤怒：
我說出這憤怒，它消失了。
我對敵人感到憤怒！
我沒說出，它滋長了。

人如果缺乏情愛的滋潤，人的精神便化爲無生命的東西，失去它的力量和生機，也不再能鼓舞我們在世上留下一鱗半爪。只要有愛，上帝就在我們心裏，天堂就在我們左右。說到這裏，我們忽然想起中國最偉大的詩人杜甫，讓我們看看他偉大的一面，茅屋爲秋風所破歌：

八月秋高風怒號，卷我屋上三重茅。茅飛渡江灑江郊，高者掛罥長林梢⑳，下者飄轉沈塘坳。南村羣童欺我老無力，忍能對面爲盜賊。公然抱茅入竹去，脣焦口燥呼不得，歸來倚杖自歎息。俄頃風定雲墨色，秋天漠漠向昏黑。布衾多年冷似鐵，嬌兒惡臥踏裏裂。牀牀屋漏無乾處，雨脚如麻未斷絕。自經喪亂少睡眠，長夜霑溼何由徹㉑。安得廣厦千萬間，大庇天下寒士俱歡顏。風雨不動安如山。嗚呼！何時眼前突兀見此屋㉒，吾廬獨破受凍死亦足！

由於杜甫個人情感深摯、襟懷博大，才能寫出這種感人的詩篇：一陣狂風怒號，捲走了屋上三重茅。茅草居然渡江，可見風力之強！童子無知，居然仗著人多欺我！眼見茅草被公然掠奪，氣結之餘也只好黯然歎息。詩人這時心裏該充滿恨意吧?!「屋漏偏逢連夜雨」！外面下大雨、屋裏下小雨，加上冷硬的老破被，孩子無知也無心，他並不想加深大人的愁苦，可是他討厭這一切，他討厭！苦雨伴著不眠人，點滴到天明。大地多麼無情、人生多麼淒苦！我們的詩人，心緒一轉：安得廣厦千萬間，大庇天下寒士俱歡顏。一個人在自身難保的情況下，沒有怨天尤人、沒有捶胸頓足，却只想到：和我一樣境況的人。他的心裏沒有恨，沒有怨，却充滿了愛，這是「仁」的光輝；這也是杜甫被後人視爲最儒家色彩的詩人的原因㉓！

讓我們擁抱大地和人類吧！如果人間沒有情愛，那太陽爲什麼那麼亮麗！

子貢問爲仁。子曰，「工欲善其事，必先利其器。居是邦也，事其大夫之賢者；友其士之仁者。」㉔（衛靈公）

子貢向孔子問「爲仁」的方法。孔子說，「工匠要做好他的工作，必須先把工具弄好。我們在一個國家裏，應該在賢能官員下做事，應該和有仁德的人交往。」

子夏曰，「博學而篤志；切問而近思：仁在其中矣。」㉕（子張）

子夏說，「一個人能夠廣求知識而篤志於道；能夠對於行已立身的道理審問並且愼思：就可以做到仁了。」

一個人能夠克己復禮，能夠己所不欲、勿施於人，能夠訥口少言，能夠恭寬信敏惠，能夠愛人，就是做到仁了。要用什麼方法才能做到仁呢？蘇格拉底說，「知識即道德。」而道德原於知識，乃是孔門師生所共信的。要求得知識自然只有學習一途，所謂「玉不琢，不成器；人不學，不知義。」（三字經）「義，人之正路也。」（孟子離婁上）在人生的旅途中，有正路、有邪徑，我們必須經過思辨才能有正確的選擇。思辨必須以知識爲基礎，所以學是人生最重要的事情，我們可以說人生就是不斷的學習過程——活到老、學到老！不是嗎？凡事不可貪，但是求知識的心，却是越大越好，因爲只有這樣，知識對我們才會產生誘惑力，學的意志才會強，博學始爲可能。中庸：「博學之，審問之，愼思之，明辨之，篤行之。」求知就好比學游泳：學游泳，第一步必須能入——躍入游泳池，而且必須埋首水中；第二必須能出——能夠把頭從水裏抬起來；求知也是一樣：不埋首書中，則無所得，則不能精；如果只是埋首書中，則不免食古不化，落得個書呆子的雅號。所以我們一方面廣求知識，並且用自已的思維好好做思辨的工夫。我們平常說學問、學問，所以要學，就要不恥下問，「知識增時只益疑」，爲了釋疑，我們學習的熱忱更高了，而「問」，也是解惑的一種可靠的途徑。「師者，所以傳道、授業、解惑也。」（韓愈師說）從師學習、問惑於師，自是最可靠的學習方式。不過聖人無常師，由於孔子個人的體驗，爲了擴大學習的觸鬚，孔子說，「事其大夫之賢者，友其士之仁者。」我們在工作中、交遊中，都可以取法別人，以達學習的目的。學習是過程，目的是「行」。如果我們知道爲什麼要愛人、知道怎麼樣愛人，可是就是不愛人，所知也是枉然。

仁是孔子心目中一切德行的根本，重要自不待言。仁雖然重要，但並不玄遠——民生問題重要吧！民生問題只要每天依時解決就不成爲問題了：重要却並不難辦！我們只要心中欲仁：要做仁人、要做個像人樣的人，就能做到仁。只要我們努力求知、只要我們從最切近的日常行爲上用心、用力；只要我們從內心仔細體認自己，並且以這種感受去了解旁人；只要我們少說話、多做事；我們雖不一定是仁人，但亦必不遠了。我曾在一位老師的研究室見到一幅很有意思的對聯，錄在這裏，藉玆彼此互勉：「多讀些子書，少說點兒話。」

子曰，「民之於仁也，甚於水火。水火，吾見蹈而死者矣；未見蹈仁而死者也！」（衞靈公）

孔子說，「仁對於人，比水火重要。水火，我見過爲它而死的，却沒有見過爲仁而死的！」

子曰，「由，知德者鮮矣！」（衞靈公）

孔子說，「由呀！懂得修德的人很少呀！」

子曰，「吾未見好德如好色者也。」（子罕）

孔子說，「我沒有看見一個喜歡德行像喜歡美色一樣的人！」

孔子以仁代表精神生活，以水火代表物質生活。不錯，民以食爲天，天大的問題，不解決，人就不能活下去；食養活人、也養活其他動物。如果人只是爲了活著——以物質來維持生命，那麼人和禽獸就沒有什麼兩樣了。孟子說，「人之所以異於禽獸者幾希！」（離婁下）人和禽獸的界線微極了，人有生存的問題，禽獸也有！人有繁殖種類的需求，禽獸也有！人和禽獸有什麼不同？在生理構造方面，人和禽獸也大同小異，而這小異中最值得注意的是：人的腦比別的禽獸來得複雜，皺折也來得特別多，這註定了一種事實：人除了自然性，還有理性；人需要物質生活，還需要精神生活；人生最大的問題，除了求如何生存下去，還求如何生存得更好！更美滿！可歎的是「人爲財死，鳥爲食亡！」「殺身成仁」只是志士仁人偶有的義行。孳孳爲利的人，我們隨處可以見到；孜孜爲善的人，却是鳳毛麟角。難怪孔子要歎「知德者鮮矣」了！不錯，食、色，性也。但是人間世除了美色，還有美德！好色之徒，隨處可見；好德之士，却不多得！難怪孔子要歎「吾未見好德如好色者也。」（這話除了見於子罕篇外，衞靈公篇也有，可見孔子對這種現象的關切和歎息之深了。）

子曰，「我未見好仁者、惡不仁者：好仁者，無以尚之；惡不仁者，其為仁矣，不使不仁者加乎其身。有能一日用其力於仁矣乎？我未見力不足者！蓋有之矣；我未之見也。」(二六)（里仁）

孔子說，「我沒有見到〔這樣〕好仁和〔這樣〕惡不仁的人：那好仁的人，把仁看得高於一切；那惡不仁的人，他的為人，決不讓不仁的人靠近他。我沒有見過，一個人真有一天決心用力去行仁而力不足的！可能有這種情形，可是我沒有見過。」

子曰，「回也，其心三月不違仁；其餘，則日月至焉而已矣！」(二七)（雍也）

孔子說，「顏回能夠長時間依仁而行，心志不移；別的人就只能偶然達到仁的境界罷了。」

「只要功夫深，鐵杵磨成繡花針。」這句話本是鼓勵人用功的意思，不過我們從這句話倒是想到一個問題：用功夫在磨杵上，自然能磨成繡花針，如果想把粉筆磨成針，那麼多費功夫也是徒勞的；這說明一件事：我們應該認淸自己，而不該盲目附合。由於先天條件的限制，並不是每個人都能被磨鍊成少棒國手的！好在人類中不可移的「下愚」正和人類中智商特高的天才，一樣少見；何況「勤能補拙」！所以我們對自己還是可以放心的——只要我們努力，我們就能達到目的。所以孔子說，「我沒有見過，一個人真有一天決心用力去行仁而力不足的！」只要我們下決心做，我們就做得到：理論上是如此的，但事實上，在孔子那麼多弟子中，只有顏回可以長時間不違仁，其他人只是偶然做到罷了！這就關係到學習的態度了。人有一種毛病：三分鐘熱度！比如學期剛開始，想到好的開始是成功的一半，就興奮的擬計畫、訂作息表：早上幾點起，誦英文、演數學，晚上幾點睡，睡前溫國文、背史地，電視只看新聞，報紙每天必讀，前一兩個禮拜，可能做得很好；慢慢的，電視劇真熱鬧、電視長片更精彩，不看多可惜，功課？明天早點起來再做吧！早上媽媽叫了，讓我再睡一會，不然上課沒精神！到了晚上：嘿！連續劇嘛！怎麼能不連著看！功課？明天……明日復明日，明日何其多！等待復等待，萬事成蹉跎！人要有恆心的從事一件工作是多麼不易！孔子說「顚沛必於是！造次必於是！」不管外界環境怎麼改變，我們要堅持、要一本初衷，不能動搖！要知「節制是美德」。我們若能夠節制我們的欲念——貪睡、好玩等等，即使我們的努力並沒得到預期效果，可是我們已經打了一場勝仗——戰勝了自己！所以孔子說，「南方人曾說，『一個人如果沒有恆心，那他連巫醫也不可以做！』這話好得很！」㈡「爲善如登，爲惡如崩。」一個人要學好，得有決心、信心、恆心、定力、毅力、努力，多不容易！一個人變壞，却快得很，那情形就像崩落的滾石——一落千丈！「仁」只是日常行爲的準則，每時每刻依仁力行，就是仁人，可是孔子那麼多弟子，也只顏淵一個人在這方面得到讚許。我們都知道「有志竟成」，可是在我們周圍，成功的人並不多，嚐了失敗就一蹶不振的却多得是！持志有恆，真不是容易做到的！

附註

㈠ 里，指住家的地方。「仁爲美」的「仁」，指仁厚風俗講。擇，指選擇做人的道理，不是指擇居；如果指擇居，那麼孔子這話就沒什麼大意思了。皇疏引沈居士曰，「言所居之里尚以仁地爲美，況擇身所處而不處仁道，安得智乎！」案：擇身所處，指擇處身之道，卽擇做人的道理。

㈡復，本是反的意思，引申爲遵循的意思。左昭十二年傳：仲尼曰，「古也有志：『克己復禮，仁也。』信善哉！」那麼「克己復禮爲仁」的話，是根據古志的。朱注：「歸，猶與也。」案：與是讚許的意思。目，指條目、細目。

㈢這個「彊」就是「强」字。

㈣見莊子逍遙遊。擧世，指全天下。沮，沮喪。意思說：一個人的意志、行爲，不因外界的毀、譽而有所改變。

㈤公冶長篇：孟武伯問，「仲由，仁乎？」子曰，「不知也。」又問。子曰，「由也，千乘之國、可使治其賦也；不知其仁也。」「求也何如？」子曰，「求也，千室之邑、百乘之家、可使爲之宰也；不知其仁也。」「赤也何如？」子曰，「赤也，束帶立於朝，可使與賓客言也；不知其仁也。」　子張問曰，「令尹子文，三仕爲令尹，無喜色；三已之，無慍色；舊令尹之政，必以告新令尹：何如？」子曰，「忠矣！」曰，「仁矣乎？」曰，「未知，焉得仁！」「崔子弒齊君，陳文子有馬十乘，棄而違之；至於他邦，則曰，『猶吾大夫崔子也！』違之；之一邦，則又曰，『猶吾大夫崔子也！』違之：何如？」子曰，「淸矣！」曰，「仁矣乎？」曰，「未知，焉得仁。」憲問篇：憲問恥。子曰，「邦有道，穀；邦無道，穀，恥也！」「克、伐、怨、欲，不行焉，可以爲仁矣?」子曰，「可以爲難矣！仁，則吾不知也。」子曰，「君子而不仁者有矣夫！未有小人而仁者也！」由以上我們所引，可見仁在孔子心目中是最高的德行。

㈥ 見里仁篇。終食，指吃頓飯的時間。造次，在十分慌忙的時候。顚沛，在艱難困頓的環境裏。

㈦ 述而篇：子曰，「仁、遠乎哉?我欲仁，斯仁至矣！」

㈧ 左僖三十三年傳：〔晋〕臼季曰，「臣聞之，出門如賓；承事如祭：仁之則也。」那麼，「出門如見大賓」和「克己復禮」都是仁的古訓。邦，指諸侯的國；家，指卿大夫的家。這兩句指人到處無怨，到處和人和平相處。

㈨ 朱注：「貫，通也。唯者，應之速而無疑者也。」玉藻：「父母呼，唯而不諾。」朱注：盡己之謂忠；推己之謂恕。

㈩ 「一言」，就是「一個字」。比如平常我們說詩經是四言詩的代表詩集，就是說詩經中的詩，大半是四個字一句的。

⑪ 朱注：子貢言我所不欲人加於我之事，我亦不欲以此加之於人。此仁者之事，不待勉强，故夫子以爲非子貢所及。

⑫ 寡妻，指寡德之妻；謙語。

(三)雍也篇：子曰，「夫仁者，己欲立而立人；己欲達而達人。」

(四)說文：「訒，頓也。」指言語遲鈍。

(五)見憲問篇。孔曰，「久要，舊約也。」朱注：「平生，平日也。」

(六)季布是楚、漢時人，曾爲項羽將。布重然諾，聞名關中。

(七)衞靈公篇：子曰，「辭，達而已矣！」

(八)這話在學而篇和陽貨篇都有記載，雖然皇本和正平本陽貨篇沒有這章；不過我們想孔子說這話決不只一次、兩次。

(九)先進篇：子路使子羔爲費宰。子曰，「賊夫人之子！」子路曰，「有民人焉，有社稷焉：何必讀書、然後爲學！」子曰，「是故惡夫佞者！」朱注：「子路爲季氏宰而舉之也。賊，害也。言子羔質美而未學，遽使治民，適以害之。〔有民人焉〕言治民事神，皆所以爲學。」，夫，音ㄈㄨˊ；夫人，就是「那人」。

(二〇)罥，音ㄐㄩㄢˋ，掛也。

(二)徹，曉也。

(三)突兀，本是高貌。韓愈詩：「須臾靜掃衆峯出，仰見突兀撐青空。」現在引申爲行動或事件突然而至。

(四)左傳是反映儒家思想的作品；晉代的左傳專家杜預（曾注左傳）是杜甫的十三世祖。想來杜甫所反映的純儒思想，也是其來自有吧！

㉔　劉疏：爲，猶行也。

㉕　這裏的篤志、切問、近思的對象都是道。

㉖　這章的經文，可分爲兩節。「我未見……加乎其身。」爲第一節；「有能一日用其力於仁矣乎……我未之見也。」爲第二節；這兩節經文在意義上並不能作爲一章的文字。編論語的人，可能因爲這兩節同爲講到「仁」的話，而且在這兩節中，都有「我未見」三字，便把這兩章合爲一章。實在，這兩節都可各自爲一章的。「我未見好仁者、惡不仁者」：是孔子說他沒有見過這兩種人。當然，普通的好仁者和普通的惡不仁者，孔子當亦見過不少，他所沒有見過的，乃是「這樣的好仁者」和「這樣的惡不仁者」。下面緊接著的「好仁者無以尙之……不使不仁者加乎其身」二十四字，乃是說明上面「好仁者」和「惡不仁者」的。如果當日記論語的人在「好仁者、惡不仁者」上加「如是之」三字，那麽文章就清楚了。現在我們只能在譯文上加上〔這樣〕兩字，以使文理清楚。「無以尙之」，尙，上也。之，指仁。心中沒有什麽比仁更上，把仁視爲至高無上的。「其爲仁」，似當作「其爲人」。（見毛子水先生論語今註今譯）

㉗　朱注：三月，言其久。集解：「餘人暫有至仁時；唯回移時而不變。」

㉘　子路篇：子曰，「南人有言曰，『人而無恆，不可以作巫醫。』」而，如也。

禮——與其奢也寧儉

孔子以「克己復禮」、「非禮勿視、非禮勿聽、非禮勿言、非禮勿動」，答顏淵的問仁。仁是孔子最重視的個人德行修養，而孔子以爲依禮而行、勿犯非禮就能成爲仁人；由此可見禮的重要性。孔子告訴伯魚：「不學禮，無以立。」（季氏）類似的話在堯曰篇也有㊀，想來這方面的言論，孔子當不只說了兩次。

子入大廟，每事問。或曰，「孰謂鄹人之子知禮乎？入大廟，每事問！」子聞之，曰，「是禮也！」㊁（八佾）

孔子進入太廟，對每一件不十分明白的事都向人請教。有人說，「誰說鄹人的兒子懂得禮？他進入太廟，每件事都問！」孔子聽到這話，說，「這就是禮呀！」

子見齊衰者、冕衣裳者、與瞽者：見之，雖少、必作；過之必趨。㈢（子罕）

孔子看見服喪服的人，在高位的人和眼睛瞎了的人：見了他們，即使他們年紀很輕，孔子也一定起立爲禮；如果經過他們的前面，一定快步示敬。

孔子以言語表達他重視禮的意思，同時也以行動來表達他的重視禮。一個人初入太廟，自然有許多不確切知道的事情；不知而不問，就成爲真正的不知了。「每事問」當然是問不確切知道的事情；問不確切知道的事情，才可算是敬謹，才可以算是禮。如果確切知道的事情却也問，這是搗亂、是跟太廟管事的人過不去，不能算是禮——簡直是無禮透頂！所以我們要讀這章，就應該知道，「入」是初次入，「每事」也只是每一件不知道的事。從「每事問」，可以見出孔子的重視禮和他敬謹的心情。或人不了解孔子的心意，以爲從「每事問」，可以見出孔子不知禮，否則何必每事問！却不知「每事問」正是對禮的敬謹表現。齊衰者、瞽者，自然可愍，冕衣裳者，自然可敬；孔子對可愍者表同情，對可敬者表敬意，即使他們年紀很輕，也不怠忽。起立爲禮或快步示敬，（古人走路經過別人的面前，以快步爲敬。

「〔孔子〕嘗獨立，鯉趨而過庭。」就是一例。卽使我們現在，如果大模大樣走過尊長的面前，也是很沒敎養的行爲！）本都是很細小的事情，很容易做到的擧動；但是由於容易有時反而不做，由於細小因此時常忽略，孔子對這些細節也不放過，可見他對禮的重視、行禮的敬謹。

孔子謂季氏八佾舞於庭：「是可忍也，孰不可忍也！」㈣（八佾）

孔子講到季氏在家廟中用佾的樂舞這件事說，「這種人如果可以容忍，那還有什麼人不可以容忍！」

三家者以雍徹：子曰，「『相維辟公；天子穆穆。』奚取於三家之堂！」㈤（八佾）

三家徹祭時歌雍詩。孔子批評說，「『相維辟公；天子穆穆。』這情景在三家的廟堂裏見得到嗎！」

季氏旅於泰山。子謂冉有曰，「女弗能救與？」對曰，「不能。」子曰，「嗚呼！曾謂泰山不如林放乎！」㈥（八佾）

季氏去祭泰山。孔子對冉有說，「你不能阻止嗎？」冉有回答說，「不能。」

孔子說，「難道泰山的神還不如林放〔那樣的懂禮〕嗎！」

人缺什麼、就希望什麼；而一件事情、一種現象，會被人提出來議論，經常是因爲：一件重要的事情，而人們却不注意；一種不合理的現象，人們却視而不見；在這種情況下，有識之士自然要提出他對這事情、這現象的看法。孔子所以重視禮，實在也是因爲當時人對禮的認識有偏差，而僭禮㊆的現象已經到了相當嚴重的地步。魯國的仲孫（後改稱孟孫）、叔孫、季孫三家是孔子時魯國最有權勢的貴族，他們操縱魯國的政治，他們的行爲可視爲當時貴族行徑的代表，我們以他們爲抽樣看看：季氏不過是魯的大夫，只能用四佾；而竟然用八佾於家廟，這種違禮越分的情事，實在可恨可歎！天子宗廟祭祀，徹祭時歌雍；三家不過大夫，也以雍徹。在三家的廟堂上，既沒有諸侯，更沒有天子，而雍詩明明是說「相維辟公；天子穆穆。」空擺譜，又有什麼意思?!古代天子得祭天下名山大川，諸侯則祭山川在其封內。現在大夫祭泰山，算那門子事、成什麼體統?!實在，像三桓（三家都是魯桓公的子孫，所以也稱爲三桓）的行爲，只能予人粗陋的印象；活像一個希望把鈔票掛滿全身、金銀珠翠頂戴一頭的暴發戶，他們唯恐別人不知道他有錢、有勢，所以常弄些特別的點子，來聳人耳目，以滿足個人的虛榮心。孔子病了，病得一天一天的厲害起來。子路使門人用家臣的名義以預備喪事。後來孔子的病好一點了，說，「仲由的詐僞真使人痛心！我根本沒有家臣，卻要裝做有家臣的樣子！我騙誰？我騙天嗎？」㈧孔子曾經有大夫的身份，這時孔子已經離職去位，治喪就不該有家臣，子路這麼做，當然是爲了尊重孔子，但是沒有卻裝作有、虛卻裝作實的詐僞行爲，是孔子所痛恨的！所以孔子並不領子路的情！顏淵死了，門人想要厚葬他！孔子說，「不可以！」弟子們還是厚葬了顏淵。孔子說，「顏回把我看作父親一樣；我卻不得把他看成兒子一樣。厚葬並不是我的意思；是幾個同學的主張！」㈨而顏淵的父親顏路也曾要求孔子把車做顏淵殯時的椁！（見先進篇）於禮，士的殯禮，根本用不到「椁」！由這些事例，可見越分僭禮的歪風也吹到了孔門，難怪孔子要以「非禮勿視、非禮勿聽、非禮勿言、非禮勿動」應顏淵的問仁，孔子是在提醒門人：勿犯非禮、動無非禮，就能達到仁！可見守禮的重要。實在，「君子之德、風，小人之德、草。草，上之風，必偃！」㈩像季氏那樣魯國大權一把抓的重臣，一舉一動，自然產生極大的影響力；而他們違禮越分的舉動，爲害國家是很大的，所以孔子再三痛斥他們的行徑！

子曰，「觚不觚：觚哉！觚哉！」㊄（雍也）

孔子說，「觚却沒稜沒角：那怎麼叫作觚！那怎麼叫作觚！」

子曰，「事君盡禮，人以爲諂也！」（八佾）

孔子說，「一個人謹敬的照著禮事君，世人却認爲這是向君上諂媚！」

禮制器物盡皆失禮，在一個重視禮的人看來，是多麼痛心的事情！社會上有一等人：自己不幹好事情，還不喜歡別人做好事情。眞莫名其妙！眞無可奈何！孔子說，「國君賜酒而臣子拜於堂下，這是禮；現在、臣子都只在堂上拜謝，實在不恭；我寧可違背衆人，還是堅守拜於堂下的禮！」㊅普通人不能明辨是非，既可歎又可笑！人必須有道德的勇氣，禮不可廢，卽便是違衆也要守禮！

實在我們仔細想想：我們爲什麼要讀書？是爲了解決吃飯問題嗎？賣勞力也能解決吃飯問題。民生問題是人生最大的問題，也是最容易解決的問題；這個問題的難於解決，不在問題本身，而在人心的多欲——吃了還想吃得更好、穿了還想穿得更好、有了黑白電視想彩色的、有了照相機想攝影機，問題大了、煩惱多了；解決這些問題，就需要知識。知識使我們能夠辨是非、明善惡，知道什麼該做、什麼不該做？怎麼做最合理？曾經在報上看了這麼一段：一個船家要找個夥計，來了兩個年輕人應徵，船主人看兩個人都很不錯，因此難於取捨。老闆娘要頭家把這事交她辦。他要兩個年輕人坐，自己同身下廚煑了兩碗麵，很乾的、沒湯水的、又盛得高高的！兩碗乾麵端到了兩個年輕人面前，老闆娘又舀來了一大杓滾湯，對著高聳的麵堆就澆下去，湯溢流下來：一個年輕人用舌頭黏，唯恐湯流到桌上；另一個却眼明手快抓起筷子挑起麵條，鬆它幾下。好了，結果是不必說的。這個例子當然很粗淺，不過知識的力量，從這個粗淺的例子已經顯現出來。荀子榮辱篇：「仁義德行，常安之術也，然而未必不危也；汙僈突盜，常危之術也，然而未必不安也。故君子道其常，小人道其怪。」㊀君子、小人的分野就在於知識的有無；一個沒有知識的人，看見卑鄙偷盜，富厚累世，不免道其怪、行其危。

朔是中國農曆每月的頭一天。告朔是天子把一年十二個月的朔政（曆書）布告諸侯的儀式。告朔的餼羊，是每個諸侯國所預備的生羊以招待天子頒曆的使臣的。這個對「告朔之餼羊」的說法，乃是根據劉台拱的論語駢枝的；雖然這個說法許多注家不贊成，但有一點我們可以確切知道：「告朔」是一種禮，「餼羊」是爲「告朔」而設的；孔子時「告朔」禮已經廢止，那麼因「告朔」禮而設的「餼羊」，自然沒有再設的必要，所以子貢主張去了。在我們想，孔子這種實實在在的人，對這種設得無謂的餼羊，應該主張去了；但是，孔子却說，「賜也，你捨不得那羊；我却捨不得那禮！」㊃孔子難道不知道空設餼羊的無謂嗎？但是想到天子政令的不行，諸侯國差不多什麼事都擅作主張；本來普天下的土地，都是天子的土地，普天下的人，都是天子的子民；而周王室從東遷以後，天子的勢力衰了。諸侯本是天子分封的，如今天子反得諸侯們「多多支持」了！想到這些，還有什麼心情去計較一隻餼羊呢！孔子對禮儀敗壞的婉惜心情，我們可以從「愛禮」的話，體會一、二。

子曰，「恭而無禮則勞，愼而無禮則葸，勇而無禮則亂，直而無禮則絞。」㊄（泰伯）

孔子說，「一個人、恭敬而不合禮，必是徒勞而失儀；謹愼而不合禮，往往因過分小心而畏縮不前；勇敢而不合禮，便近於暴亂；率直而不合禮，就顯得急切。」

子曰，「能以禮讓爲國乎，何有？不能以禮讓爲國，如禮何！」（里仁）

孔子說，「能用禮讓的道理來治國，對處理政治就沒有什麼困難了！不能用禮讓的態度治國，那怎麼樣對得起『禮』！」

在孔子的心目中，禮是人生一切行爲的規範。人的行爲依禮而行，就中規中矩，否則必定弊病叢生。孔子以後的大儒荀子，特別重視禮，他以爲人生「食飲衣服、居處動靜」，由禮則和節，不由禮則百病叢生。人的「容貌態度、進退趨行」，由禮就雅，不由禮就野。至於「治氣養心之術」，無不由禮而生。（見修身篇）顯然荀子以爲禮是人生規範、人生修養的準則，是個人立身處世所應守的規範。左隱十一年傳：「鄭莊公曰：禮，經國家、定社稷、序民人、利後嗣者也。」

㊅孔子以爲禮讓所以治國；荀子以爲「國無禮則不正」（王霸），「足國之道，節用裕民，而善藏其餘。節用以禮，裕民以政。」（富國）顯然禮在儒者的心目中該是今日倫理學、社會學、法學、經濟學、政治學的綜合；難怪孔子說，「能從書本上廣求知識，而以世間最大的道理——禮爲綱維，行爲便不會有過失了！」㊆實在，「讀書如遊山，淺深皆有得。」平常我們說「開卷有益」；當然，選擇好書的重要是不必說的——尤其在今天印刷術發達、出版業興旺的情形下，書的流品太多，選

書讀更是門學問。我們如果肯讀書，當然多少可以獲益；但是，如果我們知道我們所要尋覓的是什麼？我們時時以這個目標爲讀書的中心，內心自然不至駁雜叢生。比如，我們現在想了解海底生物的生態，那麼我們在找書和讀書時，自然以這個目標爲中心，凡和這個目標沒關連的材料，我們都可暫時捨棄。孔子以爲一個人應該廣求知識；並且從所求得的知識中，披除可疑的部分，以建立德行的準則。荀子以爲「人無禮則不生，事無禮則不成，國家無禮則不寧。」（修身）禮是人生道路上最重要的道理。

子曰，「質勝文則野；文勝質則史。文質彬彬，然後君子。」㈥（雍也）

孔子說，「一個人如果實質勝過文采，那麼，就顯得樸野；文采勝過實質，那麼，就是虛有其表。一個人能兼有實質和文采，便成爲一個君子了。」

我們爲人、處事，每每會發生偏差，不是太過、就是不及；事實上這都是毛病，因爲：過猶不及！所以孔子特別重視「中庸」的德行。四書裏還有「中庸」，可見在中國人的思想中，「中庸」之道的分量。「喜怒哀樂之未發謂之中；發而皆中節謂之和。」（中庸）一切喜怒哀樂的感情是蘊涵於中的，如果表現出來、而能表達得中規中矩就是和；而人人中規中矩，社會自然和睦融洽，所以中庸是天下最好的德行。中國人凡事講中庸。我們聽長輩告訴我們：話不要說得太過、福不要享過頭、樂極則悲生：都是在強調「極之而衰」的道理。在孔子以爲：質勝文、文勝質，都是有缺陷、令人遺憾的。我們也許可以說「質」是內在美、「文」是外在美，如果一個人滿腹學問，却蓬頭垢面、不修邊幅，不是很令人遺憾的事嗎！嵇康是竹林七賢之一，他的學問很好、詩文都有一手，可是他自己招認：「頭面常一月十五日不洗，不大悶癢，不能沐也。」㊈想想：一個人頭面常一月十五日不洗，是什麼德行！現在社會上美容院、整形醫院林立。愛美本是人的天性，修飾門面也是正當的道理——古代女人不是還講究婦「容」嗎！不過這修飾只是把自己弄得「停停當當人人」、整整齊齊、乾乾淨淨，不讓別人眼睛受罪、鼻孔受氣、心裏作嘔！其實這也是做人應該有的禮貌，我們看西洋人把最好的衣服留著進教室穿，也是爲了對上帝表敬意吧！但是一個人如果把自然的身體，填填補補，弄成個人工臉孔，就違反自然，就不自然。想想：十八歲的臉孔、五十歲的手，七十歲的聲音，多可怕、多滑稽。所以太不修邊幅固然叫人受不了，太做作也一樣叫人受不了。

棘子成曰，「君子質而已矣；何以文爲！」子貢曰，「惜乎夫子之說君子也！駟不及舌！文、猶質也；質、猶文也。虎豹之鞟，猶犬羊之鞟也！」㊦（顏淵）

棘子成說，「一個君子只要有實質就可以了；何必要文呢?」子貢說，「可惜呀！棘大夫的說君子呀！話一出口，四匹馬也追不同來！文和質是一樣重要的。〔如果沒有文的不同，君子、野人就不容易分別。〕虎豹的革和犬羊的革看起來不是一樣嗎?!」

看來文、質那一樣重要點?還真是個引起爭論的問題。不過，以人講起來，文采（外在）的求全較比容易，而實質（內在）的充實較比困難，何況東坡有詩：「腹有詩書氣自華」，一個人只要內在充實，自然外發爲一種不可外求的文華。那麼實質似乎比文采重要了?那麼子貢的話，又怎麼說?子貢虎豹犬羊的例，只是爲了駁倒棘子成「何以文爲」的問的，而不表示子貢重文采（那麼相對的就是輕實質囉！）的意思！子貢不是說，「文、猶質也、質、猶文也」嗎！實在！文質彬彬才是令人嚮往的！

子曰，「禮云禮云，玉帛云乎哉！樂云樂云，鐘鼓云乎哉！」㉑（陽貨）

孔子說，「禮呀禮呀！難道就是說的玉帛嗎！樂呀樂呀！難道就是說的鐘鼓嗎！」

林放問禮之本。子曰，「大哉問！禮，與其奢也寧儉；喪，與其易也寧戚。」㉒（八佾）

林放請問行禮時最重要的原則是什麼？孔子說，「你這個問題很了不得、很有意義！在禮上，與其太奢侈，寧可太儉省；在喪事上，與其過於節文熟習，寧可過於哀戚。」

子曰，「奢則不孫，儉則固；與其不孫也，寧固！」㉓（述而）

孔子說，「一個人奢侈就難免不謙遜，太省儉就顯得固陋；與其顯得不謙遜，寧可顯得固陋！」

子曰，「以約失之者鮮矣。」㉔（里仁）

孔子說，「因爲儉約而犯了過失的，是很少的！」

子游曰，「喪致乎哀而止。」㉕（子張）

子游說，「居喪只要能盡了哀思也就夠了。」

在前面我們說過：儒家所謂的禮，實包涵一切的人生規範，至於玉帛酬酢，實是禮的末節。樂的意義在：行而樂之、移風易俗，至於敲鐘撞鼓，只是樂的形式。擺樣子，人人會，把握精神，就難得多；因此形式主義泛濫，任何事只求表面、不管內涵，所以林放要問行禮的原則。林放的問，實反映他對這種不合理現象的關切與憂慮，所以孔子認為問得有價值；而孔子的答，更具價值。當然，「中庸」不過兩個字，但是要做得不偏不倚，實在不是易事。所以孔子提出了最重要的原則指示：「禮，與其奢也寧儉；喪，與其易也寧戚。」奢和儉，都未得中道；但是，奢侈的禍害是不必講的，因儉約而生過失的卻很少；孔子把握住這一點，所以有這樣的談話。辦喪事，只要盡了哀思也就夠了，形式，是為了藉以適度地表達哀思——我們說適度，是因為「毀不滅性」（孝經）。如哀毀過度，以致傷生，也不合度。如果捨本逐末，只重形式，既流於奢侈，又沒有把握處理喪事的精神，這自是孔子所反對的。玉帛酬酢、敲鐘擊鼓，是形式，對人來說是很重要的事——沒有這些怎麼表達禮、樂？但也是末事；就好比儀容對人來說，是很重要的事——誰不重視自己和旁人的儀容？但也是末事。

有子曰，「禮之用，和爲貴。先王之道斯爲美；小大由之，有所不行。知和而和，不以禮節之，亦不可行也。」㊅（學而）

有子說，「在禮的實際運用上，以能調和損益、斟酌得中爲貴。先代傳下來的道理，這禮是最美好的；不過我們如果大大小小的事情都要死板的照著禮，有時候就行不通。〔所以我們必須用和，〕但若知道和的重要而一味用和、不用禮來節制，那也是不行的。」

我們總覺得天下很少一成不變的道理。「多子多孫多福多壽」是中國的老觀念，詩經的「螽斯」和「麟之趾」就是頌美他人子孫昌盛的詩篇。而今人們却說「兩個孩子恰恰好」！人在變、時代在變，價值觀念也就不斷跟著變。古人說「一飯足以飽我腹，一衣足以飾我躬。」現在人却滿嘴：營養！時髦！看看書攤上印刷精美的食譜和時裝雜誌，我們不得不說：時代變了！有人說了：吃飽就夠了，遮體就行了，營養？時髦？浪費！奢侈！浪費嗎？奢侈嗎？古代人穴居野處，現代人華厦廣居；古代人茹毛飲血，現代人食必精美；古代人但求遮體，現代人要趕潮流；古代馬車木船，現代人飛機輪船汽車摩托。表面乍看起來，古人儉今人侈——文明帶來了奢侈，因此有人反文明厭奢侈，法國的盧梭、俄國的托爾斯泰，還有前一陣子在美國大行其道的嬉皮士，都是這一類人。比如我們的十大建設，每一樣都是很費錢的，那該算得浪費啦?!但是我們車行高速公路，多麼穩、捷；那車陣一個接著一個，受惠的人何止千萬，這不是浪費、奢侈，這是文明。又如，前一陣子舉行文藝季、音樂季、戲劇季，也用了不少公帑，多浪費！可是這個活動帶給人們正當的休閒生活、帶動社會欣賞藝術的風氣，效果是無形而廣大的，這是文明，不是奢侈。我們覺得支配錢財的藝術是：怎麼樣用錢而不是怎麼樣省錢。有的事用了很多錢，但效果廣遠、受益者多，就用得值得；即使耗費不算太多，但不生善果，轉生惡果，就是奢侈，就不當用。晉朝的王戎既貴且富，但他是出名的儉嗇鬼：他的姪子結婚，他給了一件單衣——後來還跟他姪子要了回來！他女兒嫁給裴頠，跟他借了點錢；女兒回來，他臉色很難看，女兒趕快還了錢，見了錢，臉色才放開！晉時石崇是出名的汏侈爺：每一次請客，都叫美人向客人敬酒，客人不能乾的話，就斬美人。王武子家的蒸豬特別肥美，和平常的味道不同，原來豬是人奶餵大的！窮奢極侈、兼荒唐之至！雖然儉很少帶來過失，但太儉就是嗇，就不合情理；錢是用的、不是看的，但用得不得當，就要生出流弊！禮，就是使一切合情合理的規範。可是時代變了，許多事物、觀念也跟著變了，如果一切毫不變通的依禮而行，自然有行不通的。在古代用麻布製冕，這是禮、是向來的成例；孔子時人們都用絲製冕，看起來華麗美觀而又省工易成，孔子就不從舊禮而從衆。——可見孔子並不一味固執！國君賜酒臣子拜於堂下，乃是正禮；可是孔子時臣子都只在堂上拜謝，這實在是簡慢不恭，孔子寧可違背衆人，還是堅守拜於堂下的禮！——以禮節之！㉗孔子的學生觀察孔子得的印象，認爲在孔子身上找不到「意、必、固、我」的毛病㉘，實在，孔子是最不固陋、最通情達理的人！

子曰，「人而不仁如禮何！人而不仁如樂何！」㉙（八佾）

孔子說，「一個不仁的人，怎麼樣行禮！一個不仁的人，怎麼樣作樂！」

孔子這話可能還有一層意思：一個不仁的人，卽使行禮作樂也沒有什麼用處。我們覺得做人難，而仁正是做人最大的道理，只要我們實實在在從日常行爲做去、只要我們以己思彼，常存愛心，我們就能做到仁。禮是正正當當的道理，只要我們紮紮實實的做，不好高騖遠、不偷得虛表！那麼就已經合禮了。孟子離婁下：

君子所以異於人者，以其存心也。君子以仁存心，以禮存心。仁者愛人，有禮者敬人；愛人者人恆愛之，敬人者人恆敬之。有人於此，其待我以橫逆，則君子必自反也：我必不仁也、必無禮也，此物奚宜至哉！其自反而仁矣，自反而有禮矣；其橫逆由是也。君子必自反也：我必不忠。自反而忠矣！其橫逆由是也。君子曰：此亦妄人也已矣。如此則與禽獸奚擇哉！於禽獸，又何難焉。㊂

人和人相處要以愛心、以敬意；不過有時我們雖再三反省，自覺無愧於心，而對方「橫逆」如一，那麼這個人只能算是「妄人」！和禽獸相去不遠！——「人之所以異於禽獸者幾希！」人和禽獸所不同的，只在「存心」而已！而「在知道美德是什麼的人中間，美德才是美德。」對於一個「妄人」，又有什麼可計較的！孟子「存心」兩字，說得最好。只要我們行爲的動機是善意的，只要我們以仁、以禮爲行爲動機，那麼我們已經有了好的開始。餘下的是我們切切實實、正當合理的行爲了，能這樣自然能夠仁至禮行、情文俱盡了。

附註

㈠ 堯曰篇：子曰，「不知命，無以爲君子也；不知禮，無以立也；不知言，無以知人也。」

㈡ 大廟的大，音ㄊㄞ；漢石經作太。包曰，「大廟，周公廟。」吳英說，「入者，前此未始入而今始入之辭也。」「每事問」，當是問不確切知道的事情。鄹，地名，是孔子的家鄉。鄹，說文和左傳作郰。這裏的「鄹人」指孔子的父親（郰人紇）。

㈢ 齊衰，音ㄗ　ㄘㄨㄟ。齊，本作齋，緝也；用線縫衣服的邊叫緝。衰，本作縗，喪服，用麻布做、披在身上的。五服中最重的孝是斬衰，斬，是不緝，衣服邊是不縫的；齊衰是次於斬衰的孝服。這裏以「齊衰」指有喪服的人。朱注：「冕，冠也。衣，上服；裳，下服。冕而衣裳，貴者之盛服也。」瞽者，瞎子。包曰，「作，起也。趨，疾行也。此夫子哀有喪、尊在位、恤不成人。」

㈣ 皇疏：「謂者，評論之辭也。季氏，魯之上卿也。」是，向來注家都以爲指「八佾舞於庭」的事；但是，如果「是」指舞八佾，那麼「孰」也應指事言；但是經傳裏「孰」都是指人的，所以這章裏的「是」，似當指季氏。是，就是「是人」。馬曰，「佾，列也。天子八佾，諸侯六，卿、大夫四，士二。八人爲列，八八六十四人。魯以周公故，受王者禮樂，有八佾之舞。季桓子僭於其家廟舞之，故孔子譏之。」佾，音ㄧˋ。

㊄朱注：「三家，魯大夫孟孫、叔孫、季孫之家也。雍，周頌篇名。徹，祭畢而收其俎也。天子宗廟之祭，則歌雍以徹。是時三家僭而用之。」案：俎，音ㄗㄨˇ，祭器，用以載牲。「相維辟公、天子穆穆」，是雍詩中的兩句。相，助也。維，語詞。包曰，「辟公，謂諸侯及二王之後也。」穆，本是「和」的意思，這裏用「穆穆」形容天子安和的樣子。奚，何也。

㊅馬曰，「旅，祭名也。禮，諸侯祭山川在其封內者；今陪臣祭泰山，非禮也。」陪臣，意同重臣。魯君是周天子的臣；季氏是魯君的臣，所以是天子的陪臣。馬曰，「救，猶止也。」包曰，「神不享非禮。林放尚知問禮（案：這章之前即「林放問禮之本」章。）；泰山之神反不如林放耶?」曾，意同乃。曾謂，就是「難道說」。

㊆僭，音ㄐㄧㄢˋ。說文：假也。玉篇引作儗也。段氏云：「以下儗上，僭之本義也。」我們說僭越，就是僭冒名義踰越其分位。僭禮，就是行禮時不依分位，僭冒名義。僭號，就是越分用較尊的名號。

㊇子罕篇：子疾；病。子路使門人爲臣。病閒，曰，「久矣哉由之行詐也！無臣而爲有臣！吾誰欺?欺天乎?……」包曰，「疾甚曰病。」「子路使門人爲臣」，朱注：「夫子時已去位，無家臣。子路欲以家臣治其喪，其意實尊聖人，而未知所以尊也。」廣雅

釋詁一：「閒，瘉也。」病閒，就是病好了一點。鄭曰，「孔子嘗爲大夫，故子路使弟子行其臣之禮。」劉疏：「爲卽是僞；無臣而僞有臣也。」「久」應該作疚。（見毛子水先生論語今註今譯）

⑨先進篇：顏淵死；門人欲厚葬之。子曰，「不可！」門人厚葬之。子曰，「回也，視予猶父也；予不得視猶子也。非我也；夫二三子也！」朱注：「喪具稱家之有無；貧而厚葬，不循理也。故夫子止之。」

⑩見顏淵篇。朱注：「上，一作尙；加也。偃，仆也。」

⑪觚是一種有稜角的酒器。朱注：「不觚者，蓋當時失其制而不爲稜也。觚哉觚哉，言不得爲觚也。」

⑫子罕篇：子曰，「拜下，禮也；今拜乎上，泰也：雖違衆，吾從下！」皇疏：「下，謂堂下也。禮，君與臣燕，臣得君賜酒，皆下堂而再拜：故云，『拜下，禮也。』周末（案：指周朝末年），臣得君賜酒，但於堂上而拜：故云，『今拜乎上，泰也。』」

⑬楊倞注：僈，當爲漫，漫，亦汙也。突，陵觸也。

⑭八佾篇：子貢欲去告朔之餼羊。子曰，「賜也，爾愛其羊；我愛其禮！」愛，是吝惜、捨不得的意思。

⑮朱注：葸，畏懼貌。絞，急切也。案：葸，音ㄒㄧˇ。

㊅ 經，是治理的意思。序，本意是秩序，引申爲條理的意思。後嗣，指後代子孫。

㊆ 雍也篇：子曰，「君子博學於文，約之以禮：亦可以弗畔矣夫！」文，就是「則以學文」的「文」。是指用文字記載的書籍。約，本有約束的意思，這裡是說用禮爲綱維、以禮爲主旨。鄭曰，「弗畔，不違道。」

㊇ 野，先進篇：「先進於禮樂，野人也」的「野人」朱注訓爲「郊外之民」，就是鄉下人。鄉下人質樸少文；這章的野就含有質樸的意思。包曰，「史者，文多而質少也。彬彬，文質相半之貌也。」

㊈ 見嵇康與山巨源絕交書。巨源是山濤的字，他做吏部郞的時候，推薦嵇康來代替他的職位，嵇康便寫了這封信和山巨源絕交。信中舉出必不堪者七，甚不可者二，以明他個人不適合做官的性情。朋友貴相知，山巨源不能了解嵇康的性情而擧他自代，所以只好與他絕交。文中很可見出魏晉名士的某種派頭。沐，是洗頭。

㊉ 棘子成是衞大夫，當時稱大夫爲「夫子」。一車四馬叫做駟，因此四匹馬也叫駟。駟不及舌是「過言一出，駟馬追之不及！」（鄭注）現在我們說一言既出，駟馬難追，就是根據這裏爲說的。詩韓奕傳：「鞹，革也。」說文：「獸皮治去其毛曰革。」鞟同鞹。虎豹皮所以比犬羊皮貴，是因爲毛不同；君子之所以不同於野人，是文采不同。如果說只要質不需文，那麼虎豹、犬羊的皮全去了毛，則虎豹的革和犬羊的革又有什麼不同！

如果只要質不需文，那麼君子和野人又何以分別！「猶犬羊之鞟也」「也」字依皇本、正平本。

㉑ 鄭曰，「言禮非但崇玉帛而已；所貴者安上治民。」馬曰，「樂之所貴者，移風易俗，非謂鐘鼓而已。」

㉒ 鄭曰，「林放，魯人。」朱注：「易，治也。孟子曰：易其田疇。在喪禮，『易』則節文習熟而無哀痛慘怛之實者也；『戚』則一於哀而又不足耳；禮貴得中，奢易則過於文，儉戚則不及而質：二者皆未合禮。然凡物之理，必先有質而後有文。則質乃禮之本也。」

㉓ 孫，音義同遜。固，是固陋的意思。

㉔ 鄭曰，「約，儉。儉者佊足。」

㉕ 致，極盡的意思。

㉖ 禮是相傳的節文；和是斟酌得中、調和損益。斯，指禮。「小大由之、有所不行」，是「和爲貴」的理由；「之」亦指禮。皇疏：「人若知禮用和而每事從和，不復用禮爲節者，則於事亦不得行也。所以言『亦』者：沈居士云，『上純用禮不行：今皆用和亦不可行也。』」

㉗ 子罕篇：子曰，「麻冕，禮也；今也純，儉：吾從衆！拜下，禮也；今拜乎上，泰也：

雖違衆，吾從下！」說文：「冕，大夫以上冠也。純，絲也。」

㉘ 子罕篇：子絕四。毋意，毋必，毋固，毋我。這裏的「毋」通「無」。意，是臆測，憑空亂想。必，期必也。固，固執。朱注：「我，私己也。」無我，是沒有私心。

㉙ 包曰，「言人而不仁，必不能行禮樂也。」

㉚ 橫，音ㄏㄥ。難，音ㄋㄢ。朱注：「橫逆，謂强暴不順理也。物，事也。由，與猶同。奚擇，何異也。又何難焉，言不足與之校也。」

政者——正也

孔子一生的事業在敎學，而他的理想却是政治。孔子眼見列國紛紜、民不聊生，所以周遊天下，希望能夠在政治上發展抱負，使天下太平。跑遍了各國，孔子發現：事與願違，因此他想到用敎育來發揮移風易俗的影響力，同時造就一批新的政治俊才，投入政治，發揮扭轉乾坤的力量；因此，孔子有一套完整的政治哲學：

子曰，「爲政以德，譬如北辰；居其所而衆星共之。」㈠（爲政）

孔子說，「用德行來處理政治，就像天的北極；靜靜的在它的地方而滿天星斗都環繞它運行。」

孔子這話可分兩層意思：「爲政以德」「居其所而衆星共之」，「德政」是儒家最重要的政治理想。我們下面會仔細討論；這裏要先說的是無爲的政治態度。老子說「治大國若烹小鮮。」——烹小魚的手續越少越妙，弄點油一煎就成了，如果要刮鱗去鰓剖肚，那魚必定糜爛！治國若烹小鮮，是政治上越簡單越好。我們看如今法有民法、刑法等等，但是犯法者却層出不窮，這真應了老子所謂「法令滋彰、盜賊多有」！老子以爲「我無爲而民自化」！提倡端拱而居、無爲而治。孔子以爲古代君王中以堯舜最可敬，他們「無爲而治」「恭己正南面而已矣」㊁，他們使「民無能名焉」㊂！在政治上，孔子提出了一個重要的局面：居其所而衆星拱之！所以葉公問政，孔子告訴他說，「使近人歡悅，使遠人來歸。」㊃是歡悅、是來歸；而不是攻城略地、殺伐無已！

季康子問政於孔子。孔子對曰，「政者，正也。子帥以正，孰敢不正！」㊄（顏淵）

季康子向孔子問政的道理。孔子回答說，「政，就是『正』，你自己先依著正道做，那誰敢不依著正道做呢！」

「政者正也」可以說是從古以來最好的政治格言。孔子一切政治思想，都以這個觀念爲基礎：自身「正」了，衆星才會拱之！而無爲而治的理想才能實現。以「正」爲「政」，「爲政以德」的理想才有指望。否則只有嚴刑峻法、大開殺戒，搞恐怖政治！季康子就曾以「殺無道以就有道」向孔子討教。孔子回答他：「幹政治何必用殺呢！你自己本身喜歡好事，大家就會做好事了。在上位的就像風，老百姓就像草。草，如果風來吹它，一定隨風而倒。」㊅俗語說，「上樑不正，下樑歪。」「一個在上位的人，本身做得正當，就是不下命令老百姓也會做；本身做得不正當，就是下命令老百姓也不會聽。」㊆季康子對盜賊感到傷腦筋，向孔子請敎。孔子回答說，「如果你自己不貪欲，就是獎賞人去偷也沒人去偷。」㊇韓非子外儲說左上有這樣的記載：齊桓公喜歡穿紫色的衣服，因此全國人都穿紫。當時，紫布貴得離譜；桓公很爲這件事傷腦筋。對管仲說，「我就是愛穿紫衣服，現在紫布貴得要命，全國人還拼命穿紫衣服，我怎麼好呢？」管仲說，「您想阻止這種歪風，何不試試：您先別穿紫衣服。您對左右的人說，『我好討厭紫的臭味。』左右的人正好有穿紫衣服的，您一定要說，『退後點！我怕紫臭！』桓公聽了管仲的話只好應著：

「好吧！」當天，辦公廳沒人穿紫了。第二天，國都內都沒有人穿紫了。三天後，齊國境內沒人穿紫了。這真是詩經上說的：「不躬不親，庶民不信。」現在臺灣流行穿青年裝，各機關紛紛以青年裝爲制服，這多少和經國先生常穿着公開露面有關係吧！依據史記孝文本紀的記載：漢文帝在位二十三年期間，宮室苑囿、狗馬服御，都沒有添加什麼！曾想作露臺，一估價得黃金一百斤。文帝說，「這黃金百斤差不多是中等人家十家的家產。我承受先帝宮室，常怕辱及先帝，作什麼臺嘛！」文帝常穿厚綢衣；最受寵的愼夫人，都不許衣長拖地（古代衣裳以長爲美，衣長拖地才好看！）；幃帳不許文繡：這許許多多的「不許」，也只爲了表示「敦朴」——敦厚樸實，以爲天下表率。治霸陵，全用瓦器，不得用金銀銅錫爲裝飾，不治墳，爲了是省儉不侵擾百姓。㊈ 一位皇帝對自己生平和身後事，都盡量弄得省儉，影響所及，自然很大。武帝是一位雄才大略在歷史上有表現的君主，尤其對付北邊的匈奴很有成績，這種成就是府庫充實所帶來的；如果不是先帝自奉節儉爲國家積存了財富、厚植了國力，大漢聲威又豈能遠播。想來孔子說的，「如果自己做得正，那對政治還有什麼難處！如果自己不正，那怎麼能夠正別人！」㊉ 是很有道理的。荀子體認君的重要性，「君者，儀也；儀正而景正。君者，槃也；槃圓而水圓。君者，盂也；盂方而水方。」㊀君處一國的最高領導地位，他的行爲可以爲天下的表率；政治爲清、爲濁，端視原淸、原濁；而「君者，民之原也。」（君道）荀子以爲：爲國以修身爲先㊁，君不但是政治體係中的主腦，也是社會教化的儀範，他既需具備政治才能，亦身兼道德化身；他是治之原，也兼教之本；荀子經常「君師」並稱、「聖王」同擧，正是他以「道德純備、智惠甚明」「備道全美」責君的理念的表現。荀子這一種重視君德的政治理論，顯然是孔子「政者正也」理論的流衍。

子曰，「道之以政；齊之以刑：民免而無恥。道之以德；齊之以禮：有恥且格。」㊂（爲政）

孔子說，「用政治的道理來敎導百姓；用刑罰來齊一他們：這樣，百姓可以苟免刑罰而沒有羞愧之心。用德化來敎導百姓；用禮敎來齊一他們：這樣，百姓不但有羞恥心而且能改過向善。」

「禮之敎化也微，其止邪也於未形；使人日徙善遠罪而不自知也。」（禮記經解）禮的作用，在邪惡未形已止其禍，在惡念未萌已去其根；使民「不自知」而改過遷善。禮是禁於將然之前，是儒家的禮，干涉的意味較少。孔子以爲法治雖能產生嚇阻的作用，但這只是表面功夫——使人不敢爲非作歹；只有禮治才能在潛移默化中使一個人根本不想爲非作歹！當然，周禮上有「刑亂國用重典」的話；而在一些滿腦子「以法爲敎」（韓非子五蠹篇），法治主義者，法律萬能的信徒看來，德化禮治是不足恃的。在外國，英人霍布斯以爲人性是嫉妒、猜忌、虛榮，一切以利己爲出發點，「人人相爭，混戰一團。」強有力的約束自然是不可缺的；德人康德也從人性的「根本惡」論法律的不可缺。事實上孔子並不排斥法治：「禮樂不興，則刑罰不中。」（子路）可見孔子也以禮與刑並論。到了孟子主張「徒善不足以爲政，徒法不能以自行。」（離婁上）以爲禮法不能偏廢，對禮、法的看法更趨折衷。漢朝緹縈救父的故事，我們很熟悉；緹縈上書後，漢文帝曾下詔：

蓋聞有虞氏之時，畫衣冠、異章服以爲僇，而民不犯。何則至治也。今法有肉刑三，而姦不止；其咎安在？非乃朕德薄而教不明歟！吾甚自愧。故夫馴道不純、而愚民陷焉。詩曰：「愷悌君子，民之父母。」今人有過，教未施而刑加焉，或欲改行爲善，而道毋由也。朕甚憐之。夫刑至斷支體、刻肌膚，終

身不息。何其楚痛而不德也。豈稱爲民父母之意哉！其除肉刑。㊹

文帝的詔命，完全是一位仁君的德政。重典不是不能用，但那是在國家特別亂的時候，不得已的下策，而且也不是長久之計。因爲法治天下的理論基礎，在利用人的畏懼心理，如果人不怕呢?!那麼法就不能發揮治的功能了。而處罰太重太頻，久了，人也就疲了，「民不畏死，奈何以死懼之！」（老子）法雖然可以較快速、有效的帶來治平——尤其是在亂世！比如我們現在所處的非常環境；但是法律不是萬能，德化、效果雖慢，但效果却是根深蒂固的；一個國家要維持長久的治平，除了法的審愼運用外，禮治德化是必須一步步推行的。

子曰，「聽訟，吾猶人也。必也，使無訟乎！」（顏淵）

孔子說，「審理訟案，我也和別人一樣。要說我和別人有什麼不一樣的，那就是，我想使世間沒有訟事！」

孟氏使陽膚爲士師；問於曾子。曾子曰，「上失其道：民散久矣。如得其情，則哀矜而勿喜。」㊺（子張）

孟氏任命陽膚做法官；陽膚向曾子請教。曾子說，「國家政治不上軌道，老百姓心裏早已沒有法紀的觀念了。你如果查出案子的實情，不要因爲查出罪人就沾沾自喜，你應該要憐憫那個罪人。」

一個政治家應該以仁心、以善意爲出發點，不能把老百姓都當賊防、把周圍的人都當假想敵。一個人做人的「存心」最要注意；而一個政治家要管理衆人的事、他的擧止影響深廣，所以尤其要重「存心」！孔子說：「使無訟」、曾子說「哀矜而勿喜」，宅心多麼仁厚！態度多麼磊落！我們讀文帝的詔命，感受的、也就是這些。孔子說「道之以政」的話，不過是說禮治優於法治、不過是爲「政者正也」做註脚。禮治的效果較長久，這是禮治優於法治的理由，但是禮治做起來較難、也較費時；法治的效果快，但其威力卻有時而窮，禮治和法治能調和運用，才是孔子所希望的。——看來世間極少十全十美的東西！香花差不多都是素白的，而色彩艷麗的花多半不香；只有玫瑰又美艷又香甜、堪稱色、香、味俱全，偏又多刺！

子路曰，「衛君待子而爲政；子將奚先？」子曰，「必也正名乎！」子路曰，

「有是哉，子之迂也！奚其正？」子曰，「野哉由也！君子於其所不知，蓋闕如也。名不正則言不順；言不順則事不成；事不成則禮樂不興；禮樂不興則刑罰不中；刑罰不中則民無所措手足。故君子名之必可言也，言之必可行也。君子於其言，無所苟而已矣。」㈥（子路）

子路說，「衞國國君等老師去替他處理政事；老師打算先做什麼？」孔子說，「那我一定先要糾正一切不當的名義。」子路說，「有這等事、老師真迂濶呀！這有什麼可正的！」孔子說，「仲由真鄙俗！一個君子對他不知道的事，是不亂說的。名義不正那麼言詞上就不能順理成章；言詞上不能順理成章那麼事情就做不成；事情做不成那麼文敎就不能推行；文敎不能推行那麼法律不能得當；法律不能得當那麼老百姓就不知怎麼做才好。所以君子人用了一個名詞，一定能言之成理，說出一句話，一定是能行得通的。一個君子對他的話，要做到不隨便的地步才算。」

這是孔子的正名主義。「君君、臣臣、父父、子子」（顏淵）這就是「政」；政的道理，只是一個「正」字。一個國君「居上不寬、爲禮不敬、臨喪不哀」㈦；

一個臣子事君不能「敬其事而後其食」㊇：君沒有君之實、臣沒有臣的樣，「君不君、臣不臣」，名實不能相符、言行不能相當，政治一片混亂，結果是雖有粟，不得食！父不慈、子不孝，父沒有父之實、子沒有子的樣，「父不父、子不子」，名實不能相符、言行不能相當，家庭罩上陰影，結果是父子相怨、兄弟鬩牆！孔子的正名，實有寓褒貶、別善惡的意義。荀子以為正名在「道行而志通」（正名）使人志意相喻而達到治之極、以成就治道；這是儒家傳統的正名說。

子適衛，冉有僕。子曰，「庶矣哉！」冉有曰，「既庶矣，又何加焉？」曰，「富之！」曰，「既富矣，又何加焉？」曰，「教之！」㊈（子路）

孔子到衛國，冉有替孔子趕車。孔子說，「人民不少呀！」冉有說，「人民已經很多了，次一步應該怎麼辦呢？」孔子說，「使他們富足！」冉有說，「人民富足了，再下一步又該怎麼辦呢？」孔子說，「教育他們。」

哀公問於有若曰，「年饑，用不足：如之何？」有若對曰，「盍徹乎！」曰，「二，吾猶不足；如之何其徹也！」對曰，「百姓足，君孰與不足！百姓不足，君孰與足！」㊉（顏淵）

哀公問有若道，「年成不好，國家財用不夠：該怎麼辦？」有若回答說，「何不行徹法！」哀公說，「十分取二，我還不夠；怎麼還能行徹法呢！」有若答道，「百姓如果富足了，君上怎麼會不足！百姓如果不足，君上怎麼會足！」

「子適衞」章雖是一段簡單的問答，但卻很有意義。儒家先富後敎的治國政策，最早見於這一段談話裏。政治上有一個重要的道理：藏富於民。荀子就說，「下貧則上貧，下富則上富。」（富國）一個辦政治的人，如果與民爭利，多事搜刮聚斂，必至民貧國亂的地步！那麼孔子要聲討冉求的道理，㈢我們就可明白了。後來的儒者，像孟子、荀子對於先富後敎的治國的道理，都大加發揚。孟子梁惠王上：

> 無恆產而有恆心者，惟士爲能。若民，則無恆產，因無恆心，苟無恆心，放辟邪侈，無不爲已。……是故明君制民之產，必使仰足以事父母、俯足以畜妻子。樂歲終身飽、凶年免於死亡；然後驅而之善。

士是指讀書人，讀書人知義理，即使窮，還能固窮守貧；至於一般百姓，如果家無恆產，不知義理，可能因窮斯濫、什麼都做得出來；我們說飢寒起盜心，就是這個道理。所以一個明白道理的國君，一定使人民滿足維持基本生活的要求，然後再讓他們學好。如果百姓在衣食不周、三餐不繼的情形下，却要他們學好，老百姓是聽不進去的。畢竟，怎麼樣活下去？才是人生最大的問題！如果不管百姓死活，而高唱敎育論調，那是不切實際的做法。所以荀子也說：

> 不富無以養民情，不敎無以理民性。故家五畝宅、百畝田，務其業而勿奪其時：所以富之也。立大學、設庠序、修六禮、明十敎：所以道之也。詩曰：飲之，食之；敎之，誨之。王事具矣。（大略）

有一點我們必須特別弄明白：孟荀所說的「富」，都是以維持百姓基本生活爲說的。古代由於自然資源和人力資源沒有充分開發，所以可資利用的物質就少；孟子書中說「五十者可以衣帛」「七十者可以食肉」，吃肉是大事！這真實地反映出那時人民的生活水準。豐年樂歲還可維持；一到凶年饑歲，就野有飢民、壑有餓莩。孟荀都是希望政府發揮力量，保民愛民，使百姓不致因自然的災害而維生困難甚至喪命！如今在臺灣，物資充裕、人們生活富足，只要勤勞，是不會遭到忍飢受凍的際遇的，更不會餓死人、凍死人。照理說，應該人人知理義，但是社會上爲什麼搶案、偷案、經濟犯罪案，層出不窮？這些人是沒飯吃嗎？這些人差不多都是出汽車、入洋房，美食華服的濶人呀！所以我們現在的問題不在富之，而在敎之！學校、家庭、社會，都應該負起敎育的責任。我們平常說：比上不足，比下有餘。是的，如果在物質享受上，我們都能以這種態度處理，那麼人人知足、社會常樂。如果一個人看見滿街「跑天下」，就想到：只有我跑路！看見大綑鈔票，想的是就沒一張是我的！那麼盜心一生，天下大亂！在我們現在這個社會中，人們追求的已經離開基本的生活問題，而覓求更高的生活品質，如果不能發揮敎育力量，則笑貧不笑娼者有之！持「拿到手就是我的」的想法者有之！這種作爲的人，自不能以孔、孟、荀的話爲護身符。

子貢問政。子曰，「足食；足兵；民，信之矣。」子貢曰，「必不得已而去，於斯三者何先？」曰，「去兵。」子貢曰，「必不得已而去，於斯二者何先？」曰，「去食。自古皆有死；民無信不立！」㊂（顏淵）

子貢問政治要特別注意的事。孔子說，「糧食充足；軍備充實；人民信任政府。」子貢說，「在不得已的情況下，要在三樣中去了一樣，那一樣可以先去了？」孔子說，「去了軍備。」子貢說，「在不得已的情況下，要在兩樣中去了一樣，那一樣可以先去了？」孔子說，「去了糧食。從古以來，人都有一死；人民如果不信任政府，那麼人民對政府必沒有貞固的志操、追隨的決心！」

「民以食爲天」！足食當然重要。孔子講仁、恕，怎麼還提倡足兵、強調武力？荀子的議兵篇對這個問題講得最好：

「仁者、愛人，義者、循理，然則又何以兵爲？」孫卿子曰，「非女所知也。彼仁者愛人，愛人，故惡人之害之也。義者循理，循理，故惡人之亂之也。彼兵者，所以禁暴除害也；非爭奪也。」㊁

「議兵」並不是提倡暴力，以廣土衆民、殺伐爭戰爲事，而是禁暴除害。我們深覺：對付暴力只有以力止暴；消弭戰爭只有以戰止戰。中國的武字最有意思：止戈會意成「武」，阻止戰爭、消滅暴力，才是「武」！有人說：我愛和平，所以反對戰爭；我愛人類，所以不做軍人！這是一種似是而非的論調！試想人人逃避戰爭、拒絕殺生；那麼暴力必更囂張、戰爭必更頻繁，死傷必更慘重。越南戰爭就是殷鑑：對敵人仁慈，就是對自己殘忍！我們要說，軍備是國防的長城，足兵當然重要。螞蟻可以吞下巨蟒，而蟒只有顫抖！羣衆是可怕的！辦政治的第一要務，就是立信於民，使人民對政府有信心。在史記商君列傳裏，有一個非常有意義的故事：話說秦孝公接受了商鞅的建議，實行變法。這是一種大革新、大變動，爲了愼重；雖然一切都準備周全了，但新法一時還沒公布。商鞅唯恐百姓不信邪，對新法掉以輕心、不當回事；於是在國都南門邊，豎了一棵三丈木，當衆宣布：誰能移到北門的，給十金㉔！百姓覺得事情怪怪的，沒人有興趣。又宣布了：能移的給五十金！有一個人壯著膽子移了——重賞之下就有勇夫！就給了五十金！——白沒拿！唉！以表明政府說話算數。這才下達了新法。結果，商君推行新法得到了很大的成功。

哀公問曰，「何爲則民服？」孔子對曰，「舉直錯諸枉，則民服；舉枉錯諸直，則民不服。」㉕（爲政）

哀公問道，「怎麼樣做人民才會服？」孔子回答說，「把正直的人舉出來加在邪陋的人的上面，人民就服了；把邪陋的人舉起來加在正直的人的上面，人民就不服了。」

子路問政。子曰，「先之；勞之。」請益。曰，「無倦。」㉖（子路）

子路問爲政的方法。孔子說，「你要身先百姓、爲民表率；你要爲民服務、不避辛勞。」子路請孔子再告訴他一些。孔子說，「只要不懈怠就行了。」

子張問政。子曰，「居之無倦；行之以忠。」㉗（顏淵）

子張問政治的道理。孔子說，「居官不可懈怠；行事必須忠誠。」

子曰，「道千乘之國：敬事而信；節用而愛人；使民以時。」㉘（學而）

孔子說，「治理一個千乘之國，對事要謹慎不苟且並且對人民有信用；節省用度並且盡力愛護百姓；用人民出力要選最合適的時候。」

季康子問，「使民敬、忠以勸：如之何？」子曰，「臨之以莊，則敬；孝慈，則忠；舉善而教不能，則勸。」㉙（爲政）

季康子問道，「怎麼樣才能使人民誠敬、效忠並且奮勉向上？」孔子說，「在上位的人要嚴肅的面對人民，那麼人民就誠敬；在上位的人能夠孝親慈幼，人民就會效忠；在上位的人能夠舉用好人而教導才質差一點的人，人民就會奮勉向上。」

政治是處理衆人的事務；衆人的事務多端，所以政治是複雜的。一個辦政治的人自然必須多方面的修養，才能應付龐雜的事務。上面我們說：爲政首要取信於民。怎麼樣取信於民？爲政自然要用人，在用人上能處理得當，就能取信於民。中國的政治思想家，像孔子、荀子、韓非子都很講究用人。儒家的理想是聖主賢臣！什麼樣的主算聖主？

子曰，「禹，吾無閒然矣！菲飲食而致孝乎鬼神；惡衣服而致美乎黻冕；卑宮室而盡力乎溝洫。禹吾無閒然矣！」㊂（泰伯）

孔子說：一句話就能使一個國家滅亡，那句話就是：一個做國君的認爲，爲君的最大樂子，就是：沒人敢違背我的話！人主如果利用自己衆人之上的地位，隨心所欲，那麼國家必壞。一句話可以興邦，如果懂得：爲君難；那麼人主雖位處極尊，卻能克制私欲，就可以興邦安國。㊂禹的了不起處，就在於他能克己，能節用愛民。——平常人要克制自己的私欲都不容易，何況是一位想怎麼樣就能怎麼樣的國君?!

子謂子產：「有君子之道四焉：其行己也恭；其事上也敬；其養民也惠；其使民也義。」（公冶長）

子產是鄭國的大夫公孫僑，他是孔子所敬重的人。我們看孔子批評使晉文公霸於天下的管仲：「焉得儉？」「管仲而知禮，孰不知禮。」（八佾）亦有微詞；但對子產卻稱譽有加，子產死了，孔子聽了，流著淚說，「古之遺愛也。」子產自可當得賢臣。他自己立身謙恭；事君敬謹；養民以惠愛；使民合乎義。他是君、民間的橋梁，上達、下行，居之無倦，行之以忠。

「一人有慶，兆民賴之。」這句話可以充分說明孔子的政治思想。政治是福利萬民的事業，不是作威作福的工具。兆民所賴的是：一人有慶！是聖主、是賢臣！所以孔子的政治思想重點在「人」。好人自然能把事做好；事情做好了，人民自然受惠。孔子再三講「善人爲邦」（子路），就是這種思想的外現。孔子提倡敎育是爲了培養「君子」以愛民（陽貨）；表彰堯舜，是以古聖王爲儀範，以達風從響應之效。但是「人心惟危」㊂，何日見「天下太平」！

附註

㈠ 為政，意同「搞政治」。德，指教化；對刑罰、威力而言。朱注：「共，音拱，亦作拱。北辰，北極；天之樞也。居其所，不動也。為政以德，則無為而天下歸之；其象如此。」

㈡ 衞靈公篇：子曰，「無為而治者，其舜也與！夫何為哉？恭己、正南面而已矣！」「恭己、正南面」，就是「為政以德」的意思。古代的君王坐北朝南，所以說正南面。南面，就是面南、向南、朝南。

㈢ 泰伯篇：子曰，「大哉堯之為君也！唯天為大；唯堯則之！蕩蕩乎、民無能名焉；巍巍乎、其有成功也；煥乎、其有文章！」「唯天為大」上，各本有「巍巍乎」三字，今依孟子所引刪。朱注：「煥，光明之貌。文章，禮樂法度也。」這裏的文章意同「文化」。

㈣ 子路篇：葉公問政。子曰，「近者說；遠者來。」說，音義同悅。

㈤ 孔子用「政」的讀音「正」來解釋「政」，這種方法叫「聲訓」。朱注引范氏曰：未有己不正而能正人者。

㈥ 顏淵篇：季康子問政於孔子、曰，「如殺無道以就有道，何如？」孔子對曰，「子為政，焉用殺！子欲善而民善矣！君子之德，風；小人之德，草。草，上之風，必偃！」

朱注：爲政者，民所視效。何以殺爲！欲善則民善矣。上，一作尙；加也。偃，仆也。

㈦子路篇：子曰，「其身正，不令而行；其身不正，雖令不從。」

㈧顏淵篇：季康子患盜；問於孔子。孔子對曰，「苟子之不欲，雖賞之不竊。」說苑貴德篇：「上之變下，猶風之靡草也。民之竊盜，正由上之多欲；故夫子以『不欲』勖康子也。」

㈨囿，是古代皇帝打獵遊賞的地方，裏面養殖了牛馬林木。漢時稱囿爲苑；有上林苑。御，指御用之物，是皇帝所用的東西。露台，是古時候觀察天文氣象的高台。詩經大雅有靈台篇，是記載周文王時築台的情形。霸陵，陵名。（陵是天子冢的名。）本是霸上地（今陝西長安縣東，地居霸水之上，故名。）；漢文帝築陵葬此，因此稱「霸陵」。古代人對營葬，看得很重。我們看史記秦始皇本紀所載始皇營墓的情形，始皇葬在酈山。他初就位，就開始穿治酈山，等併合了天下，居然徵召了天下七十多萬人，挖了好深好深水都湧出了，又用銅塞住。那墳裏是宮室城樓、百官奇器，應有盡有。爲了防盜墳，工匠設計了機關，只要挖墳挨近就會有箭彈（ㄊㄢˊ）射出來。用水銀爲百川江河大海、上具天下、下具地理。用人魚膏爲燭，那是長明不滅的燈！始皇死後，他的兒子二世說，「先帝後宮，無子的，將來放出宮也不相宜，都叫他們殉葬吧！」死的很多！後來又想設計墳內機關的工匠，什麼都清楚，唯恐秘密外洩，把他們都禁閉其中。墳，禮記檀弓：「古也墓而不墳。」注：「土之高者曰墳。」始皇墳高五十餘丈！漢文帝不治墳，可見其儉！

㊿ 子路篇：子曰，「苟正其身矣，於從政乎何有！不能正其身，如正人何！」

㊀ 見君道篇。儀，指儀容。景，音義同影。槃，盤也。盂，盛飲食的器皿。

㊁ 君道篇：請問爲國。曰：聞修身，未嘗聞爲國也。

㊂ 朱注：「道，猶引導；謂先之也。政，謂法制禁令也。齊，所以一之也；道之而不從者，有刑以一之也。免而無恥，謂苟免刑罰而無羞愧；蓋雖不敢爲惡，而爲惡之心未嘗忘也。禮，謂制度品節也。格，至也。言躬行以率之，則民固有觀感而興起矣；而其淺深厚薄之不一者，又有禮以一之，則民恥於不善而又有以至於善也。一說：格，正也。書曰：格其非心。」案：格訓「正」似較妥。

㊃ 蓋，是不定的詞，相當現在的「大概」「好像」。畫衣冠、異章服以爲僇：僇，通辱。大舜時，人民犯了罪，只是給他穿上特別的衣服，以爲象徵性的刑罰。肉刑三：墨刑（刺字在臉上）、劓（音ㄧˋ。割鼻）、剕（音ㄈㄟˋ。斷足）姦，爲奸者、爲非做歹的人。咎，過也。安，何也。「其咎安在」，是說「毛病在那裏？」朕，古代皇帝自稱。馴，漢書刑法志作「訓」。「詩曰」見大雅泂酌。顏師古曰：「言君子有和樂簡易之德，則其下尊之如父、親之如母也。」「道毋由」的「毋」通「無」。息，生也。終身不

息，是說一生一世也不會再生、不會恢復。

⑮ 包曰，「陽膚，曾子弟子。士師，典獄之官。」「問於曾子」是「陽膚問於曾子」。馬曰，「民之離散，爲輕漂犯法，乃上之所爲，非民之過；當哀矜之，勿自喜能得其情。」

⑯ 正，馬曰，「正百事之名。」蓋闕，雙聲連語，漢書儒林傳：「疑者丘蓋不言。」不言所不知爲「丘蓋」；「蓋闕」，義同「丘蓋」。蓋闕如，是闕疑的樣子。

⑰ 八佾篇：子曰，「居上不寬；爲禮不敬；臨喪不哀：吾何以觀之哉！」鄭曰，「居上不寬，則下無所容；禮主於敬、喪主於哀也。」

⑱ 見衞靈公篇。周禮醫師注：「食，祿也。」禮記儒行：「先勞而後祿。」

⑲ 朱注：「庶，衆也。」

⑳ 爾雅：「穀不熟爲饑。」盍，何不。徹，十分取一的稅法。二，十分取二。

㉑ 先進篇：「季氏富於周公，而求也爲之聚斂而附益之。」子曰，「非吾徒也！小子鳴鼓而攻之可也。」「季氏富於周公」以下十七字當亦是孔子的話，記孔子談話的人把它放在「子曰」前以爲事由。如果這十七字不是孔子的話，而是記論語的人的話，就不當稱名「求也」而當稱字「冉有」才對！鄭曰，「小子，門人也。鳴鼓，聲其罪以責之。」

㉒ 兵，本義是兵器，引申爲指用兵器的人；這裏的「兵」指一切軍備言。「民信之矣」

的「矣」，是衍文（多餘的字）。孔子舉出爲政該注意的事是三樣：足食；足兵；民，信之。所以子貢說，「於斯三者何先？」如果有這個「矣」字，那麼，孔子的話成了：足食，足兵：那麼人民就信任了。足食，足兵的結果是「民信之」；則孔子所舉不過二事，子貢怎麼說「於斯三者」？顯然這個「矣」字是多的。不過，傳世的「論語」在這個地方都有「矣」字，所以我們在經文上也只好保留，譯文則不譯出。立，似有安定的意義。（參毛子水先生論語今註今譯）

㉓ 孫卿子，卽荀子，荀子名況，字卿。古代典籍裏，荀字有作孫字而稱之爲孫卿的。荀字之所以作孫，有人以爲是避漢宣帝（宣帝名詢）的諱而爲後人所改；也有人以爲孫荀二字古音相同，本可通用。女，通汝。

㉔ 秦以一鎰爲一金；漢以一斤爲一金。二十兩（另一說爲二十四兩）爲一鎰。

㉕ 舉，舉用。直，本是正直的意思；這裏是指正直的人。錯，意同「措」，安置的意思。枉，本是邪曲的意思；這裏指邪曲的人。

㉖ 朱注：蘇氏曰，「凡民之行，以身先之，則不令而行；凡民之事，以身勞之，則雖勤無怨。」「無倦」的「無」音義同「毋」。

㉗ 朱注：居，謂存諸心。無倦，則始終如一。行，謂發於事。以忠，則表裏如一。

㉘ 道，音義同導。古代兵車一乘（輛）；戎馬四匹，甲士三人，步卒七十二人，衣炊樵汲

庇養共二十五人；所以一輛兵車，就有一百人。千乘之國是指可以出一千輛兵車，有十萬兵力的國家。使民以時，以，依也。

(二九) 使民敬忠以勸的「以」，而也。勸，是勸勉的意思。

(三〇) 孟子離婁上：「政不足閒也。」趙注訓閒爲非；是「非議」「批評」的意思。經傳釋詞：「然，猶焉。」「吾無間然矣」是「我對他沒有什麼批評的了！」非，薄也。黻冕，祭祀時的禮服禮帽。溝洫，田間水道。

(三一) 見子路篇。

(三二) 語見尚書大禹謨。孔傳：「危則難安。」

各言其志——較輕鬆的一面

顏淵季路侍。子曰，「盍各言爾志！」子路曰，「願車、馬、衣、裘，與朋友共，敝之而無憾！」顏淵，「願無伐善，無施勞！」子路曰，「願聞子之志。」子曰，「老者、安之！朋友、信之！少者懷之！㊀」（公冶長）

顏淵和子路陪侍在孔子的旁邊。孔子說，「你們何不各人說說自己的志願！」子路說，「我願意把我的車、馬、衣、裘和朋友共同享用；就是用壞了，我也不怨恨。」顏淵說，「我希望能不矜誇自己的好處；不把煩難的事推到別人身上。」子路說，「我希望聽聽老師的意思。」孔子說，「我要使老年人覺得安舒；使朋友對我信賴；使少年人對我懷念。」

我們覺得論語是中國古代最早而寫作技巧頗成熟的散文作品；那裏面除了極少數資質不高的弟子的記載外，其他都能以最省簡的篇幅作最豐富的記述。以本章來說：開頭的簡潔敍述，把讀者引入一種單純、和祥的氣氛中。空氣廻蕩著沈寂，孔子說話了：「盍各言爾志！」子路馬上不假思索地回答了，顏淵也說了；子路却要老師也說說看——顏淵就不會這麼做！這一問子路的勇氣全躍然紙上！子路所願是一個義氣十足的角色，大有李白將進酒：「五花馬、千金裘、呼兒將出換美酒」的慷慨。顏淵願「無伐善」；我們想顏淵所以德行好，這恐怕是個主要的原因。「滿招損，謙受益。」由於態度上的謙遜，自然易引起別人的好感，而較有機會得到別人有益的指導。因此無論德行，識見都會漸漸改善，所以說「謙受益」。顏淵願「無施勞」，就是「己所不欲，勿施於人」的一端；這是恕的行爲、仁的表現！子路、顏淵的志願，都不是常人能及的。但是，比之孔子，却顯得渺小了。因爲孔子的願望是使普天下的人都能「各得其所」，也就是禮運大同篇所描繪的「老有所終、壯有所用、幼有所長、矜寡孤獨廢疾者皆有所養」的天下一家、世界大同的太平景象。

子路、曾皙、冉有、公西華，侍坐。子曰，「以吾一日長乎爾；毋吾以也！居則曰『不吾知也』；如或知爾，則何以哉？」㊁子路率爾而對曰，「千乘之國，攝乎大國之間；加之以師旅，因之以饑饉：由也爲之，比及三年，可使有勇、且知方也。」夫子哂之。㊂「求，爾何如？」對曰，「方六七十，如五六十，求也爲之，比及三年，可使足民。如其禮樂，以俟君子。」㊃「赤，爾何如？」對曰，「非曰『能之』；願學焉。宗廟之事如會同，端章甫願爲小相焉！」㊄「點，爾何如？」鼓瑟、希；鏗爾，舍瑟而作；對曰，「異乎三子者之撰。」子曰，「何傷乎！亦各言其志也。」曰，「暮春者，春服旣成，冠者五六人，童子六七人，浴乎沂，風乎舞雩，詠而歸。」夫子喟然歎曰，「吾與點也！」㊅三子者出，曾皙後，曾皙曰，「夫三子者之言何如？」子曰，「亦各言其志也已矣！」曰，「夫子何哂由也？」曰，「爲國以禮；其言不讓，是故哂之。惟求則非邦也與！安見方六七十如五六十而非邦也者。唯赤則非邦也與？宗廟會同，非諸侯而何！赤也爲之小，孰能爲之大。」㊆（先進）

子路、曾皙、冉有、公西華，陪孔子坐着。孔子說，「你們可能因爲我年長一點而不敢說話；不要這樣！你們平常老說『沒人知道我』；如果有人知道你們，你們要怎麼做？」

子路馬上回答說，「一個千輛兵車的國家，夾在大國中間；有強敵壓境，又是連年饑荒；讓我來治理，到了三年，就能使百姓勇敢作戰，並且知禮懂法。」孔子笑了笑。

「求，你怎麼樣？」冉有回答說，「六七十里見方或五六十里見方的國家，讓我來治理，到了三年，就能使百姓富足。至於推行禮樂的事情，只有等待有德行的君子了。」

「赤，你怎麼樣？」公西華回答說，「我不敢說我能做什麼；我只是很希望學習。友邦朝聘和諸侯盟會，我希望穿著禮服、戴著禮帽，作一個小小的擯相！」

「點，你怎麼樣？」曾晳有一聲沒一聲的彈著瑟；〔聽了孔子問他，〕，他鏗地一聲放下瑟，站起來答道，「我不像他們三位那麼有作爲！」孔子說，「那又有什麼關係呢！這不過是各說各的心願罷了！」曾晳說，「晚春時節，〔脫下舊冬衣，〕換上單袷衣，和五六個青年、六七個少年，渡過沂水，在雩壇上放聲高歌，然後一路唱著回來。」孔子歎道，「我倒欣賞點呀！」

子路、冉有、公西華三個人都出去了；曾晳落在後面。曾晳說，「他們三位的話怎麼樣？」孔子說，「這不過是各說各的志向罷了！」曾皙說，「老師爲什麼笑仲由呢？」孔子說，「治國應該用禮；他說話的態度不謙讓，所以笑他。那求就不是講到治國嗎？難道六七十里見方或五六十里見方還不算是一個國家嗎？那赤就不是講到治國嗎？朝聘和盟會，不是諸侯的事情却是什麼！如果赤只能當個『小相』那誰能當得了『大相』呢！」

這是論語裏最長、最美的一章文字。因爲「夫子何哂由也」句用「夫子」一詞，因此淸朝的崔述認爲這章可疑㈧，崔述的懷疑自有他的道理。但是旣有公冶長篇小規模的「言志」，則在孔子生前就不一定沒有像本章這種較大規模的座談會！要說文字經後人脩飾、潤色，那是難免的。事實上，現在論語的本子，可能大部分都是戰國時才寫定的；旣經戰國時人的手，則偶然出現弟子當面稱孔子爲「夫子」的地方，亦不足怪！

場上人物：五；配樂：希疏的瑟音。鏡頭緩緩推向孔子，孔子說話了。子路急切的答了。孔子笑了笑。然後冉有、公西華說。「點，爾何如？」背景音樂漸大，鏡頭對準鼓瑟的曾皙。「鏗！」瑟聲停了。四周死寂。對話又開始了……熬過了寒冷的多，大地又恢復了生氣；人們抖落了瑟縮，投向大自然的懷抱，春服多麼輕快、春風多麼溫柔，青年、少年，屬於春的一羣，登上那高高的祈雨壇，拉開嗓門放聲高歌，一路唱着回來！難怪孔子欣賞，我們也心嚮往之了。這章文字，顯然經過刻意的經營：急躁的子路、慢條斯理的曾皙，強烈的性格衝突增加了文字的可讀性，製造了特別引人興味的氣氛。曾皙冷眼看衆生，而瑟音流露著無奈。……

過而不改——是謂過矣

春秋時的晉靈公很沒國君的樣子：他厚斂民財却用來裝飾宮殿廊閣；他從高臺上用弓彈打人，看人避彈丸爲樂（真不像話！）；宰夫（厨子）煮熊掌不酥爛，就殺了放在草筐裏，讓女人用車推著經過朝上，讓大家看、叫大家怕！趙盾、士會等人見到露在外邊的手，問了原委，他們憂慮極了，決心要好好勸勸國君。他們準備輪番上陣，士會先去。國君一看見士會，就知他的來意；立刻說，「我的過失我知道了，我將會改的。」這急急先說，並不是認過；只是不讓他開口絮聒，這招使的是：以認過爲護過。人家認都認了，還能說嗎？士會無奈，明知他不會改，也只好叮嚀一番：「人誰無過，過而能改，善莫大焉！」㊈可不是嘛！人誰無過？聖人也會犯過㊉！。

子曰，「人之過也，各於其黨。觀過，斯知仁矣！」⑪（里仁）

孔子說，「人的過失，和他的品性有關。我們觀察一個人所犯的過失，就知道這個人是不是仁了！」

古時，鄭國有一位太太到市場買了鼈回來，過潁水時，他認爲鼈可能渴了，放它喝水，就這樣丟了他的鼈。⑫如果有人責備他，那就是責備他心太好了！秦末，各路英雄並起，司馬欣率秦兵戰、不勝，降項羽。項羽認爲秦軍心不穩，恐怕壞事，就在新安城南連夜阬殺了秦降兵二十餘萬人！⑬缺德呀！居然殺已經投降的人，而且一口氣解決了二十多萬人：集體謀殺嘛！我們現在常聽見長輩歎：今不如古！孔子也有這種感歎：

「古者民有三疾；今也或是之亡也！古之狂也肆；今之狂也蕩。古之矜也

廉，今之矜也忿戾。古之愚也直；今之愚也詐而已矣！」㈣（陽貨）

狂、矜、愚自然是人的毛病，但是古代犯這些毛病的人還是有可取之處：狂人肆志進取，自矜持的人廉潔自守；愚鈍的人本質樸實。孔子時，有這些毛病的人却一無可取：狂妄的人放蕩而沒有拘檢；矜持的人乖戾多怒；愚鈍的人就只有詐僞。真是世風日下、人心不古！

子曰，「過而不改，是謂過矣！」㈤（衞靈公）

孔子說，「如果犯了過失不改，那就真是過失了！」

子夏曰，「小人之過也必文。」㈥（子張）

子夏說，「小人犯過失，一定想法掩飾。」

子貢曰，「君子之過也，如日月之食焉：過也、人皆見之；更也、人皆仰之。」㈦（子張）

子貢說，「君子的過失，就像日蝕月蝕一樣：他有缺陷、過失，大家都看得見；他一改過，大家仍舊仰望他。」

我們覺得：人旣然不免於犯過失，那麼我們從一個人對自己所犯過失的態度，也可以判定一個人的品德。有一等人總是說，「我沒有錯！」——理直氣壯的。事實上，這句「我沒有錯」，就錯了！一個人不虛心檢討，率而說自己沒錯，這種態度就要不得。旣沒錯，當然無所謂改過；要不就多方掩飾——這文過最費事。經常弄得欲蓋彌張。而爲了掩飾一個過失，又得犯許多過失！多累呀！文過就沒有改過的心，所以小人終爲小人。另有一等人，知道錯了，也想痛改前非，但是毅力不夠、心有餘力不足，不久，又故態復萌。也許有同學常遲到吧?自己也明知不是個好習慣、老師也責備，而每次都信誓旦旦：我要早起，我不遲到。過沒幾天，媽媽叫了，好被窩再躺五分鐘嘛！好累！再躺三分鐘！再……孔子誇顏回「不貳過」，這不貳過需要相當的自制和毅力才能做到的。還有一等人，不會掩飾自己的過失，所以大家都能看見他的過失。不過，「過而改之，是不過也！」㈥旣已改過遷善，大家也都能看見。「過而能改，善莫大焉！」這就是君子之所以爲君子。

戰國時翩翩四公子中，魏公子信陵君是太史公胸中得意人物。太史公寫孟嘗君、平原君、春申君列傳都稱某某君；獨信陵君列傳一篇中稱「公子」有一百四十次之多，可見太史公對信陵君的尊崇。信陵的禮賢下士固然令人讚賞；但是，他還有一種常人不容易達到的德行：改過遷善！我們知道，中國在戰國是七雄割據的時代，到了戰國末年，秦的勢力占了優勢。秦兵圍攻趙國，趙國十分危急，向魏國求救兵——趙公子平原君的夫人是公子的姐姐！魏君受了秦的威嚇，下令已經動身的救兵留止，以便看事情發展再做道理，趙國吃不消秦的大軍壓境，猛派使者到魏求救，公子在不得已下，偷了魏王的兵符，奪了軍隊救了趙。事後公子就不敢回魏，留在趙國，十年不歸。趙王感激公子，對公子禮敬有加，公子也就不免沾沾自喜，以爲做得漂亮。有人對公子說：「事情有不可忘的，也有不可不忘的！別人有恩於公子，公子不可忘；公子有恩於人，希望公子忘了！況且偷兵符奪軍隊救趙，對趙有功，對魏就不能算是忠臣。公子竟然自我驕矜以爲是做了一件漂亮事，我私心真不贊成公子這種態度。」公子立刻自責，好像羞愧得無地自容似地。後來，秦出兵伐魏，魏王急了，派人請公子，公子下令：有人敢替魏王使者通報的：死罪。有毛公薛公兩位隱者來了，說，「公子在趙被看重，而名聞諸侯，原因是有魏國在。現在秦攻魏，魏國那麼危急而公子却不體念。如果秦打下魏都而夷平了先王的宗廟，到那時，公子還有臉活嗎？」話還沒說完，公子臉色變了，要人快備車，趕路回國。——毛公薛公說得精闢，公子信陵做得可愛！可是認過要扯下臉皮，誰不愛面子?!改過要有毅力，可是「靡不有初、鮮克有終」！所以孔子也不得不歎：「算了罷！我還沒有見到一個知道自己的過失而能夠自責的人！」㈨

直——邦有道、如矢，邦無道、如矢

「一個人的生存，靠著正直。如果不正直而能生存著，這可以說是僥倖。」㈩怎麼樣的行爲，算是正直呢?魯國有個人叫做微生高，別人跟他要一點醋，他不直說自己沒有，却向鄰居要來給人。這微生高做人是夠殷勤的了，可是算不得「直」！㈡自己沒有，幹嘛不直說嘛！楚國的葉公告訴孔子：「我們家鄉有個叫直躬的，他父親偷了人家的羊，而他去作證。」孔子說，「我們家鄉所謂直和這不同。父親替兒子隱瞞；兒子也替父親隱瞞：直就在這其中了。」㈢孝經上說，「父有爭子，則身不陷於不義。」父有過，就諫；所以可以免陷於不義。這是事先就防止事情發生；若事情已經發生就得想法彌補、收拾；挺身而出、證父之罪，就不合人情。所以孔子帶點詼諧的口氣，用平常的人情來說明「證父攘羊」不見得就是「直」！孔子當然不是說攘羊的行爲沒有錯，就因爲這行爲不好，所以兒子要爲父親隱瞞、遮掩、補過，這是兒子對父親天性的愛的表現——比如緹縈救父就是一例！父親若在純真的愛的感召下，改過遷善，那麼「直」就在其中了。韓詩外傳七：「正直者，順道而行，順理而言；公平無私；不爲安肆志，不爲危激行。」

子曰，「直哉史魚！邦有道如矢；邦無道如矢。」㊂（衛靈公）

一個人在任何情況下都順道而行，順理而言，堅守自己做人的原則，這就是直！古代齊梁時明山賓家中曾經有一度相當窮困，要賣拉車的牛，已經賣了，接了錢，明山賓竟對買主說，「這牛曾患漏蹄；治好已經很久了，恐怕以後再犯，不能不相告。」買主一聽，立刻把錢要回去、不買了。寧願牛賣不出去，也要實話實說，這就是直！當然，耿直討人嫌！我們看東漢范滂因直受謗，身遭「黨禍」，三十三歲就被殺。讀後漢書范滂傳我們真不能不掩卷歎息。不過正直就像酒，越陳越芳烈，越久越爲人所知！古代人樂羊爲魏將，攻打中山；樂羊之子在中山。中山君烹了樂羊之子而送來了肉湯。樂羊坐在帳幕下吸啜肉湯，吃完了一杯。——不合情理！魏文侯對堵師贊說，「樂羊爲我而吃他兒子的肉。」堵師贊說，「他連兒子都吃，那誰不吃！」樂羊打下中山回來，文侯封賞他却對他的居心起了疑竇。孟孫打獵得了麑㉔，讓秦西巴帶回去，小鹿的媽媽跟著啼哭，秦西巴不忍就放了小鹿。孟孫回來問，「小鹿那裏去了？」秦西巴答道：「我不忍而把牠還給他媽媽了。」孟孫很生氣，把秦西巴趕出去三個月之久。後來又召秦西巴來教他自己的孩子。孟孫的御者很不解，問道：「從前你氣他，現在召他爲傅，什麼道理？」孟孫說，「他連隻小鹿都忍不下心傷害，那他會忍下心傷害我的孩子嗎？」真是所謂「巧詐不如拙誠」！㉕

惑——既欲其生、又欲其死

在人生的道途上，我們常會遇到歧途；我們可能誤入、也可能及時回頭。如果我們能及時回頭，則必是因爲我們對歧途有所認識。那麼什麼是「惑」？

子張問崇德，辨惑。子曰，「主忠信；徙義：崇德也。愛之欲其生；惡之欲其死。既欲其生，又欲其死：是惑也！」㈢（顏淵）

子張請問增進德行、辨明疑惑的道理。孔子說，「一切行爲以忠信爲主；知道什麼好的道理或事情就馬上去學、去做；這就是增進德行的方法。凡人喜歡一個人的時候，就希望他活得好；厭惡一個人的時候，就希望他死。如果有一個人喜歡一個人，卻做對這個人不利的事情，就是惑！」

樊遲從遊於舞雩之下；曰，「敢問崇德、脩慝、辨惑？」子曰，「善哉問！先事後得，非崇德與！攻其惡無攻人之惡，非脩慝與！一朝之忿、忘其身以及其親，非惑與！」㈥（顏淵）

樊遲跟孔子遊觀雩壇；說，「請問：怎樣增進德行？怎樣改正過失？怎樣辨明疑惑？」孔子說，「這個問題很好。做事爭先、受祿落後：這不就是增進德行的方法嗎！嚴責自己不責別人，這不就是改正過失的態度嗎！因一時之忿，忘了自身而連累了親長，這不是惑是什麼！」

孔子在這兩段話裏，分別談到了惑！要想消滅一切忿怒的感情，那幾乎是不可能的事。不過我們可以記住：「生氣却不要犯罪；不可含怒到日落！」蜜蜂在螫人的時候，連生命也陪了進去！一時的氣忿，忘了自身而累及親長，真是大惑不解了！我們看有的年輕人，血氣方剛、好勇鬪狠。出了事，上了法庭，連累父母出庭回話，大名也上了報。不幾年前兩兄弟結夥搶刼公路班車，被判死刑，縱老父老淚橫流也挽不回兩人生命。可恨又可憐呀！年輕人！我們生活在社會中，我們的行為總會引起反應、影響別人！縱使我們不爲自已想也該爲別人想。爬山本是好活動，但是一件雨衣、一塑膠袋麵包，就三五人上奇萊，也未免大膽的過分了。不出事是幸運；出了事，父母親長着急，得出動多少人去搜救?!我們不能只憑一時高興，說做就做，我們總得想想。人有個腦袋就是用來想的嘛！「愛得要命、恨得要死」，是人之常情。可是「旣欲其生、又欲其死」的情事也不少。比如父母溺愛子女，事事縱容：這自是爲了「欲其生」，結果造成子女功課不好、品性不端、身體不好的惡果，這和「欲其死」有什麼分別？父母當然希望子女「生」，而不會希望他「死」；但因爲愛的法子不對，便好像同時有兩種心理似的，卽所謂「旣欲其生、又欲其死」，這自然是惑！這只是較常見的例。其他，我們做事、讀書，雖然目標很大、理想很高，但是方法不對，結果往往和初衷相反；這都是惑。

交友——忠告而善道之、不可則止

友誼好比甘甜的露水，滋潤人們的心田。當我們成功、快樂的時候，我們希望朋友分享；而當我們失敗、悲傷的時候，我們更希望向朋友傾訴。春秋時鮑叔牙和管仲交情很好，一同在南陽做買賣，叔牙知道管仲能幹卻貧窮，分紅利總是多給管仲一些。後來齊國襄公無道，鮑叔牙事公子小白、管仲事公子糾，出國避亂；襄公死後，小白先回國，就君位成爲五霸之一的齊桓公。公子糾被魯國人所殺，管仲被囚；鮑叔牙推薦管仲給桓公。管仲相桓公，霸諸侯，連孔子都說，「微管仲，吾其被髮左衽矣。」㈥我們倒要說：沒有鮑叔牙就沒有管仲的一番事業，也可能沒有齊桓的覇於天下了。難怪管仲要說，「生我的是父母，知我的是鮑叔。」我們到現在還稱朋友交誼好爲管鮑之交。真是「典型在夙昔」！古人說，「人生得一知己，死而無憾。」可見友情的可貴。

子夏之門人問交於子張。子張曰，「子夏云何？」對曰，「子夏曰，『可者與之；其不可者拒之。』」子張曰，「異乎吾所聞！君子尊賢而容衆；嘉善而矜不能。我之大賢與，於人何所不容！我之不賢與，人將拒我；如之何其拒人也！」㈤(子張)

子夏的門人向子張問交友的道理。子張說，「子夏怎麼說？」答道，「子夏說，『可以交的就往來；那不能交的就不要往來。』」子張說，「我所聽到的卻不一樣！一個君子人尊敬賢者而包容平常人，嘉勉好人而哀憐無能的人。我如果是個大賢，對人還有什麼不能包容的！我如果是個不賢的人，人家將拒絕我；我怎麼還能拒絕人家呢！」

孔子曰，「益者三友；損者三友。友直、友諒、友多聞，益矣！友便辟、友善柔、友便佞，損矣！」㈢(季氏)

孔子說，「有三種有益的朋友，有三種有害的朋友。和正直的人交朋友、和誠信的人交朋友、和聞見廣博的人交朋友，那是有益的！和徒具儀文的人交朋友、和徒善顏色的人交朋友、和花言巧語的人交朋友，那是有害的！」

孔子也說「無友不如己者」㊂這和子夏「可者與之；其不可者拒之。」似乎都會產生子張所說的：「我之大賢與，於人何所不容！我之不賢與，人將拒我；如之何其拒人！」的現象。但是交友有友交（深交）、有泛交；子夏主張交益友，而不和有損於我們的人交往，而子張所講的，只是普通的交際。目的不同，對象自然有異。不過，我們倒覺得交朋友必須選擇，除非見一次面就不再往來，否則一回生兩回熟；泛交成深交，而深交亦由泛交來。所謂近朱者赤，近墨者黑；不可不慎。

子貢問友。子曰，「忠告而善道之。不可，則止；毋自辱焉。」（顏淵）

子貢問交友的道理。孔子說，「朋友有不對的地方，要盡心的勸他並且好好開導他。如果他不聽，也就算了。不要自取其辱。」

子游曰，「事君數，斯辱矣；朋友數，斯疏矣。」㊂（里仁）

子游說，「一個人事君，態度上如果過分急切，就會招來羞辱；一個人交友，如果態度太過急切，就會被疏遠。」

要交個朋友不容易，但如果不小心維護，朋友可能離我們而去。朋友間應該互相關懷、勉勵，互爲諍友；朋友有不對的地方，我們不能因爲怕得罪人而不規勸，話，我們一定要說——這才是朋友，而朋友可貴也就在此——但態度上必須講求，「忠告而善道之」婉言相勸；「不可則止」聽不進去、也就算了。中國人講究「君子之交淡如水」，而公車後掛的「保持距離，以策安全。」也頗有道理。試想朋友間、整天孟不離焦、焦不離孟，必會起摩擦、而傷害友情。真正的朋友，並不是整天膠着在一起的；是我們有事時挺身而出的。朋友之間說說笑話，是難免的；但開玩笑不可開得過火、離譜，而近於狎侮。也許我們以爲好朋友嘛，說話隨便些沒關係，但也有個分寸，如果傷了朋友自尊，友情可能因此結束。後人稱杜甫爲杜工部（杜詩集就叫杜工部集），這工部乃是「參謀檢校工部員外郎」的簡稱。杜甫經安祿山造反的變亂，晚年入蜀，投靠節度使嚴武，工部的職位就是嚴武給爭取的；這以後幾年老杜生活安定、心情平靜，作了許多好詩。嚴武待老杜是很厚的；可是有時老杜喝醉了，瞪眼說，「嚴挺之（嚴武父）乃有此兒。」——「嚴挺之竟然有這種兒子！」嚴武心裏懷恨着，一天竟要殺杜甫，幸虧左右的人報告了嚴武的母親，才阻止了這事，但二人的情誼却破壞無遺了。嚴武受不得幾句話，固然顯得沒度量；但杜甫不是自取其咎嗎！和朋友交往，不可不愼呀！

使乎！使乎！

子問公叔文子於公明賈曰，「信乎，夫子不言、不笑、不取乎？」公明賈對曰，「以告者，過也。夫子時、然後言，人不厭其言；樂、然後笑，人不厭其笑；義、然後取，人不厭其取。」子曰，「其然？豈其然乎！」㊂（憲問）

孔子向公明賈問公叔文子，說，「他真的不言、不笑、不取嗎？」公明賈回答說，「傳話的人說錯了。他在該說話的時候才說話，所以別人就不討厭他的話；他真樂了才笑，所以別人就不討厭他的笑；他該取的時候才取，所以別人就不討厭他的取。」孔子說，「是這樣嗎？難道真是這樣的嗎！」

蘧伯玉使人於孔子；孔子與之坐而問焉，曰，「夫子何爲？」對曰，「夫子欲寡其過而未能也！」使者出。子曰，「使乎！使乎！」㊃（憲問）

蘧伯玉差了個人到孔子那裏；孔子請他坐，並且問他，「你們老爺最近做些什麼？」使者回答說，「我家老爺想減少他的過失，却還沒有做到。」使者出去後。孔子說，「這只是個使者嗎！這只是個使者嗎！」

「劉玄德三顧茅廬」是三國演義裏很精采的一段。且看：「玄德來到莊前，下馬親叩柴門，一童出問。玄德曰，『漢左將軍宜城亭侯領豫州牧皇叔劉備（囉嗦不囉嗦！）特來拜見先生。』童子曰，『我記不得許多名字（是嘛！）！』玄德曰，『你只說劉備來訪。』童子曰，『先生今早少出。』玄德曰，『何處去了。』童子曰，『蹤跡不定，不知何處去了。』玄德曰，『幾時歸？』童子曰，『歸期亦不定，或三五日，或十數日。（說的也是！）』」這小童說話真有一套：對答如流，不亢不卑；真是孔明家童。

孔融十歲的時候，隨父親到洛陽。當時李元禮頗有盛名，想見很不容易。孔融到了李家門口，對看門的說：「我是李府君的親戚。」通報後，見了面。元禮問，「您和我是什麼親？」孔融回答：「從前我的先人仲尼和您的先人伯陽[35]，有師資之尊，所以我和您是通家之好。」元禮和賓客都嘖嘖稱奇。太中大夫陳煒後到，別人把孔融的話告訴他，煒說，「小時了了[36]，大未必佳！」孔融說，「想君小時必當了了！」孔融的孩子也很聰慧。大的六歲，小的五歲。一天父親午睡，小的在床頭偷酒喝。大的說，「你怎麼不拜？」答道：「偷，那得行禮！」後來孔融被收捕，大家都很怕，當時孔融的孩子大的九歲，小的八歲、正玩着、一點也不怕。融對使者說，「希望罪止於我本身，兩個孩子能保全嗎？」小孩子說了：「大人見過覆巢之下，還有完卵嗎？」不久兩個孩子也被收捕。㉗

說話不容易，要說得漂亮更不易。而位卑的人對位尊的人、晚輩對長輩說話，更是不易。語要謙而不可卑，要有筋骨却不可亢；不亢不卑，恰到好處，話真不是容易說的呀！精誠所感，金石爲開；只要實話實說，也就是了。否則花言巧語，騙人一時，却不能騙人一輩子呀！

短文妙趣

子曰，「孟之反不伐：奔而殿；將入門，策其馬，曰，『非敢後也；馬不進也！』」㉘（雍也）

孔子說，「孟之反這個人從不矜誇自己的功勞。有一次軍敗逃奔，他在最後做殿軍，將進入國門的時候，他鞭着他的馬，說，『並不是我膽大敢留在後面；這馬跑不到前面去。』」

兵敗如山倒，逃命皆爭先。孟之反殿後却還來這麼一招，這一招證明他「不伐」！史記淮陰侯列傳記著：韓信攻下齊後，派人請漢王劉邦封他個臨時齊王做做；當時劉邦正被圍攻，情緒壞極了。使者到了，打開信一看，火了：

> 罵曰，「吾困於此，旦暮望若來佐我。乃欲自立為王！」張良陳平躡漢王足，因附耳語曰，「漢方不利，寧能禁信之王乎？不如因而立，善遇之，使自為守。不然變生。」漢王亦悟，因復罵曰，「大丈夫定諸侯，即為真王耳，何以假為！」乃遣張良往，立信為齊王。[39]

整個事情的過程不過：「漢王怒、良平諫、乃許之。」如果這麼記述，想想還有什麼讀頭？讀史記每每讚歎劉邦聰明、反應快，不知由於太史公用筆入神，才把整個過程呈現的引人入勝。論語這章不過二十三字，却靈龍活現的把孟之反的形像點了出來。短篇小說是用最經濟的文字表現一定的主題，並且突現主角的性格。論語「孟之反不伐」章，該是中國文學史上最精簡、最早的短篇小說。「文章本天成，妙手偶得之！」真是不錯的。

子在川上曰——逝者如斯夫，不舍晝夜

孔子在一條流水的旁邊，望着混混而去的水流，說，「歲月的消逝也就是這樣吧！晝夜一息不停！」是的「大江流日夜，客心悲未央。」當我們面對浩瀚的宇宙、潺潺的逝水，能不想到時光的遷流、歲月的消逝！「古人惜寸陰，念此使人懼。」我們能不想到進德修業、自強不息！孟子離婁篇：徐子曰，「仲尼亟稱於水曰，『水哉！水哉！』何取於水也？」孟子曰，「源泉混混，不舍晝夜；盈科而後進，放乎四海：有本者如是。是之取爾㊃！」偉大的自然，肅穆地啓示我們：「造化無情不擇物，春色亦到深山中。」㊃啓示我們：無私。春夏秋冬、更迭不已，日月運行、永無止息。啓示我們：自強不息！看那滾滾流水，沒有怠惰、不會止息。當我們學習一件新事物，就面臨一個挑戰，也許棄甲曳兵而走；也許接受挑戰，想法突破——就像水盈科而進；成敗就此展現。

孔子一生，給後人留下不滅的典型、永恆的教訓。「天不生仲尼，萬古如長夜。」

附註

㈠孔子家語：「仲由一字季路。」侍，卑者在尊者之側叫侍。盍，何不。爾，當「汝」、「你」講。裘，是皮衣。「衣裘」，各本作「衣輕裘」，輕字是衍文。衣、裘，都是名詞。敝，意同壞；之，指車馬衣裘。朱注：「憾，恨也。伐，誇也。」「無伐善、無施勞」，孔曰，「不自稱己之善，不以勞事置施於人。」「老者安之」三句，「之」指「老者」、「朋友」、「少者」。這三句原句該是：「安老者；信朋友；懷少者。」安、信、懷是使動動詞；老者、朋友、少者是止詞；現在把老者、朋友、少者提前成外位止詞，動詞下補一「之」字以爲形式上的止詞。這三句話的意思是：使老者安，使朋友信，使少者懷。

㈡孔曰，「皙，曾參父；名點。」劉疏：「上篇或言侍；或言侍側；此獨言侍坐，明四子亦坐也。」孔曰，「女無以我長故難對。」如「或」知爾，「或」義同「有」。

㈢「率爾」，皇本作「卒爾」。古多用卒爲猝，就是突然、馬上的意思。攝，夾也，鄭曰，「方，禮法也。」馬曰，「哂，笑也。」

㈣劉疏：「方六、七十里者，謂國之四竟（境）以正方計之有此數也。」經傳釋詞七：「如，猶與也，及也。論語先進篇曰，『方六七十、如五六十』，又曰，『宗廟之事如會同。』「如」字並與「與」同義。」

㈤ 胡紹勳四書拾義：「宗廟之事，祭祀在其中，獨此經不得指祭祀，宜主朝聘而言。」這章的會同，就是春秋時諸侯的盟會。端，玄端，古代的禮服；章甫，古代的禮帽。

㈥ 鼓，動詞，彈奏也。孔曰：「鏗者投瑟之聲。」作，起身；曾點原來坐着，老師有問，所以起身站立回答。釋文：「撰，鄭作『僎』。讀曰詮；詮之言善也。」暮春，義同「晚春」。古禮男子二十加冠，冠者相當我們說的「青年」；童子就是少年。浴是洗身。在北方暮春三月堅冰未解，根本不可能浴。論衡釋浴沂（沂，水名）爲涉（渡水）沂，眞是一個聰明的講法；雖然證據不足，但這個講法最好、最合理，譯文就依據這個說法譯出。雩，音ㄩˊ，求雨的祭叫雩。這裏的「舞雩」指祈雨的祭壇。「吾與點也」朱注：「夫子歎息而深許之。」

㈦ 包曰，「禮貴讓；子路言不讓，故笑之。」

㈧ 洙泗考信錄二：「凡『夫子』云者，稱甲於乙之詞也，春秋傳皆然；未有稱甲於甲而曰『夫子』者。至孟子時，始稱甲於甲而亦曰『夫子』；孔子時無是稱也。稱於孔子之前而亦曰『夫子』者，蓋皆戰國時所僞撰，非門弟子所記。」

㈨ 事見左宣二年傳。

㈩ 述而篇：陳司敗問，「昭公知禮乎？」孔子曰，「知禮。」孔子退，揖巫馬期而進，曰，「吾聞君子不黨；君子亦黨乎？君取於吳；為同姓，謂之吳孟子。君而知禮，孰不知禮！」巫馬期以告。子曰，「丘也幸！苟有過，人必知之。」

㈡朱注，「黨，類也。程子曰：人之過也，各於其類。君子常失於厚，小人常失於薄；君子過於愛，小人過於忍。」

㈢事見韓非子外儲說左上。

㈢事見史記項羽本紀。

㈣三疾指狂、矜、愚。「今也或是之亡也」的「亡」，音義同「無」。

㈤而，義同「如」。

㈥文，是掩飾。

㈦說文：「更，改也。」皇疏：「日月蝕罷，改闇更明，則天下皆瞻仰。君子之德，亦不以先過為累也。」

㈧語見韓詩外傳。

㈨公冶長篇：子曰，「已矣乎！吾未見能見其過而內自訟者也！」包曰，「訟，猶責也。」

㈩雍也篇：子曰，「人之生也，直；罔之生也，幸而免！」爾雅釋言：「罔，無也。」之，指直。

㉑ 公治長篇：子曰，「孰謂微生高直！或乞醯焉；乞諸其鄰而與之。」孔曰，「微生，姓；名高。魯人也。」或，或人、有人。朱注：「醯，醋也。」焉，於是。於，向也。是，指微生高。或乞醯焉：有人向微生高要醋。

㉒ 子路篇：葉公語孔子曰，「吾黨有直躬者，其父攘羊而子證之。」孔子曰，「吾黨之直者異於是。父爲子隱；子爲父隱：直在其中矣。」躬，人名；這人以直著名，所以叫直躬。「其父攘羊而子證之」，攘，竊也。「子」，衍文。證的人就是直躬，不是直躬的兒子。（韓非子五蠹：「楚之有直躬，其父竊羊而謁之吏。」可證。）

㉓ 鄭曰，「史魚，衞大夫，名鰌。君有道、無道，行常如矢，直不曲也。」方言：「箭，自關而東謂之矢。」

㉔ 麑，音ㄇㄧ，鹿子。

㉕ 事見韓非子說林上。

㉖ 孔曰，「慝，惡也；脩，治也。〔脩慝，〕治惡爲善。」皇疏引范寧云，「物莫不避勞而處逸；今以勞事爲先，得事爲後，所以崇德也。」攻其惡的「其」，義同「己」。

㉗ 「愛之欲其生、惡之欲其死」，是普通人的常情。「旣欲其生、又欲其死」，是惑。

㉘ 見憲問篇。小爾雅廣詁：「微，無也。」被，音義同披。衽，衣襟。被髮左衽，當是孔子時夷狄的風俗。

⑲ 這章的「可」有「合適」、「合意」的意思。矜，憐也。包曰，「友交當如子夏，泛交當如子張。」

⑳ 說文：「諒，信也。」朱注：「友直，則聞其過。友諒，則進於誠。友多聞，則進於明。便，習熟也。便辟，謂習於威儀而不直。善柔，謂工於媚悅而不諒。便佞，謂習於口語而無聞見之實。三者損益，正相反也。」

㉑ 見學而篇。無，毋也。

㉒ 集解：「數，謂速數之數。」

㉓ 孔曰，「公叔文子，衞大夫公孫拔；文，諡。」劉疏：「公明賈，疑亦衞人。」大概公明賈在公叔文子手下做事（蘧伯玉的使者稱伯玉「夫子」，公明賈也以「夫子」稱文子。），所以孔子問他。朱注：「文子雖賢，疑未及此。但君子與人爲善，不欲正言其非也。故曰其然豈其然乎，蓋疑之也。」

㉔ 朱注：「蘧伯玉，衞大夫，名瑗。」孔子再言「使乎」是重美之。

㉕ 伯陽是老子的字。老子姓李，名耳。孔子曾向他問禮。

㉖ 了了是指聰慧，曉解事理。

㉗ 見世說新語。

㉘ 孔曰，「魯大夫孟之側也。」左哀十一年傳：〔魯〕師及齊師戰于郊。右師奔；齊人從

之。盂之側後入，以爲殿；抽矢策其馬，曰，馬不進也！」伐，是自誇功勞。殿，是軍退時斷後的軍。（現在把得最後一名的稱殿軍。）

(三九) 旦暮，早晚。若，你。乃，竟。躡，輕踏、輕踩。因，順勢，張良、陳平輕踩漢王的脚，以引起他的警覺，順勢附耳低語。寧，那能。遇，待。「何以假爲」，韓信表示「願爲假王」，所以漢王說「何以假爲」。「假」，是暫代、臨時的意思。「何以假爲」是說「大丈夫定諸侯，做就做眞王，做什麼假王（臨時王）！」

(四〇) 亟，音ㄑㄧˋ，頻數也。混混，同滾滾。科，坎也。放，至也。

(四一) 歐陽修樂豐亭小飲。無情，無私。造化無私，澤被萬物。

關於論語

一位洋人問我們：「你讀過論語嗎？」答案却是：「沒有。」我們問一位英國的讀書人：「你讀過莎士比亞嗎？」答案却是：「沒有。」這個發問的洋人的反應和我們的想法大概是相同的。中國人也許不認識老子、莊子、韓非子，可是不知道孔子的，恐怕不多吧?!讀書人可能沒讀過老子、莊子、韓非子，可是總讀過論語吧?!孔子是普遍爲人所知的人，論語是普遍爲人所讀的書；有關孔子個人，我在這本書的第一部分，根據論語的記載有詳細的敍述，這裏不煩費詞；此處只把有關論語這本書的問題，提出陳述：

一、論語在中國經典中的地位

我們看論語的簡潔記敍，再讀孟子的長篇大論，我們不能不慨歎：百年之間，讀書人對寫作的心態有如此大的轉變！（當然，物質條件的改進，思想界的氛圍，也是造成寫作型態轉變的因素。）論、孟兩部書雖有簡繁之分，却無妨其爲發揚儒家思想的巨著！論語只是一些言行的記錄，篇幅不多（白文字數不過一二七〇〇字。），文字質樸；可是論語却是中國第一好書，是每一個讀書人必讀——必詳讀的書。是什麼原因，使論語在浩瀚的古代典籍中得到獨尊的地位？

論語是一部言行錄——孔子的言行錄。由於孔子在中國思想史的地位，由於孔子的被後人尊崇，這部孔子的言行錄，遂從「諸子」中被提升爲「經」，而成爲後人了解孔子最可靠的原始資料。「高論無窮如鋸屑，小詩有味似聯珠。」王大娘的裹脚布決不討好，短小精悍的精簡文字倒反使人喜愛。論語的記載雖然簡，但簡而有趣、簡而有味；那趣味是含蓄的、雋永的、耐人尋思的。論語不是一部讓人一讀就迷死、發狠恨不能一口氣吞嚼完，讀完也就扔一邊，永遠不會想要再拾起的「暢銷書」，論語是經過歷史的考驗、永遠有銷路的書。孔子一生提倡仁恕、開科授徒、周行列國，思想是多麼偉大，志行是何等崇高；可是透過論語的簡單記載，孔子的思想、孔子的志行，就呈現在後人眼前，我們不能不說：論語是中國文學中最早最成功的傳記書。

二、論語的編寫

論語是什麼人寫的？什麼人編的？東漢班固在漢書藝文志六藝略，有所說明：

論語者，孔子應答弟子、時人，及弟子相與言，而接聞於夫子之語也。當時弟子各有所記，夫子旣卒，門人相與輯而論纂，故謂之論語。

由此可知：論語是孔子和他的門人或時人的談話，以及門人彼此的談話記錄。原始的記錄出於孔門弟子；不過像「子張書諸紳」的情形恐怕不多。我們想以當時書寫工具的不便，不知有多少談話，沒有「當時」記錄下來。我們現在讀到的談話，恐怕有許多是經過幾次的口耳相傳才記錄下來的。

論語的編集，是在孔子歿後。「曾子有疾；孟敬子問之。」孟敬子是孟武伯的兒子仲孫捷；仲孫捷卒後有謚，以中壽計算，當在孔子歿後四、五十年。論語裏已稱孟敬子的謚，自然不是孟敬子生前編定的。

論語的記錄者和編集者，究竟是孔門那些弟子？却不易確指。經典釋文引鄭玄的意見：論語乃仲弓、子夏等所撰定。宋邢昺注疏以爲「仲弓」下脫「子游」二字。論語先進篇有「文學：子游、子夏」的記載，鄭玄、邢昺的說法恐怕是據此所作的臆測。當然論語中或有他們三位的記錄，他們三位也可能參與編集工作，但如果必說論語是他們三位撰定的，就不足信。論語裏述及弟子都稱字，但是：

憲問恥。子曰，「邦有道，穀；邦無道，穀，恥也！」（憲問）

這個記錄很可能出於原憲本人，因爲稱名不稱字，這種記述法和論語一般的體例不相符合。我們想在孔子生前和歿後，孔門中當必有許多人保存著或多或少的孔子的談話記錄，孔子歿後若干年，大家各出所有，去其重複，而成爲「全書」。梁皇侃論語義疏以爲「論語者，是孔子歿後七十弟子之門人共所撰錄也。」這個說法或許接近事實。（論語裏記載孔子的弟子，通常都稱字；如「子貢」「顏淵」〔字上加氏〕。只有「有若」「曾參」稱「子」；如「有子」「曾子」。宋程子以爲，論語書成於有子、曾子的門人，所以論語裏獨稱這兩人爲子。這似是一種可信的說法。）

我們現在所見到的篇目，當不是編定論語的人所起的。這些篇目，都是採用每篇開頭的兩字或三字而成。（孟子、詩經的篇目都是這樣的。）我們想，第一：可能由於教授論語和諷誦論語的人爲便於稱道起見，就用篇首的兩字或三字以代表某篇；第二：可能由於寫書的人於某篇的簡牘已束好或某篇縑帛已卷好以後，很自然的就用篇首兩字或三字以作這篇的題識。如果說論語二十篇每篇的先後次序都有意義，甚至說每篇裏各章的先後次序都有意義，我們實在不敢苟同；但是，一部書以「學而」居首，我們就不能不說這或許出於編者的有心了。（荀子以勸學篇始，以堯問篇終，大概是模仿論語的吧！）

三、論語這個名的意義

解釋「論語」二字的意義，以漢書藝文志爲最早。根據藝文志的解釋，論語是：孔子的「語」，由門人「論」纂成書，所以叫「論語」。這個解釋似不能令人滿意。說文：「論，議也。議，語也。語，論也。」三字連環相訓。我們想春秋末年，魯國可能有同義複詞「論語」，意思和現在的「議論」相同。大概孔子平日對弟子或時人的談話，無論用文字記錄或口耳相傳的，當時弟子都稱爲論語。到了這些談話的記錄編成爲一書的時候，這部書也就叫做「論語」了。(毛子水先生說。)

四、論語的各種本子

皇侃論語義疏引漢劉向別錄：

魯人所學，謂之魯論；齊人所學，謂之齊論；孔壁所得，謂之古論。

由此可知漢世論語有三種本子行世。所謂「孔壁」，是指秦始皇焚書，有心人把古籍隱藏起來，後來這些古籍紛紛出現，比如：「武帝末，魯共王壞孔子宅，欲以廣其宮，而得古文尙書及禮記、論語、孝經凡數十篇，皆古字也。」(漢書藝文志)

而魯論、齊論、古論三者的差別是：

論語，古二十一篇(出孔子壁中、兩子張)；齊二十二篇(多問王、知道)；魯二十篇，傳十九篇。(漢書藝文志)

古論的二十一篇，是把堯曰篇次章「子張問於孔子」分出，另爲一「子張」篇，所以古論有二「子張」篇，而篇次也和齊、魯論不同。齊論二十二篇，而其二十篇中章句頗多於魯論。另外安昌侯張禹，本受魯論，兼講齊說，號爲張侯論；包咸、周氏有章句。古論有孔安國爲之訓解，後來馬融爲之訓說。漢末，鄭玄就魯論篇章，考之齊、古，爲之註。另外王肅、周生烈都爲義說。魏何晏等集以上所指各家說，而爲集解，這就是論語流傳到現在的本子。皇侃作義疏，宋邢昺作注疏，朱熹作集注，清劉寶楠作正義。皇本亡佚很久，後來從日本傳回中土。邢本列十三經注疏中。朱注合大學章句、中庸章句、孟子集注爲四書集注，最通行。劉疏綜輯衆說，考證最詳。

五、有關論語的疑義

古代的典籍，流傳至今；經天災人禍、改朝換代，以及傳抄傳刻，譌誤舛奪、脫衍錯雜，自所不免。清人崔述洙泗考信錄及論語餘說對篇章可疑者，多有論辨。康有爲新學僞經考、康南海文集論語註序，對論語僞文，亦有論述。梁啓超古書真僞及其年代，對陽貨篇「公山弗擾以費畔、召、子欲往」章及「佛肸召、子欲往」

章的真僞，論之頗當，足啓後學。我們讀一部書，其中有不可解的地方，這自然是頗遺憾的事情；不過，對一部已經歷經兩個多世紀的古籍，不由我們不以寶愛的心情讀它，至於許多不可理解的地方，我們只好暫時擺在一邊——朱子說，「某於論孟，四十餘年理會。」（朱子語類第十九卷）但是集注裏還是有許多「闕疑」的地方；這種「知之爲知之、不知爲不知」的態度，是一種對古人、對今人、對後人負責的態度！我們想五柳先生傳：「好讀書不求甚解，每有會意，便欣然忘食！」這「好讀書不求甚解」，也當以「不知爲不知」的角度去理解。實在，讀書時，對無法理解的地方，強作解人，不但顯示個人爲學態度的誠懇不夠，而且每每也貽誤後人。

論語雖然經過長時間的流傳，不免有失真的地方，但在能夠讀古書的人看起來，它還是我們研究孔子思想、了解孔子生平的第一等材料。在那裏面充滿孔子的經驗和智慧，這是中華民族最有價值的寶物。這寶物經過長時間的流傳、通過歷史的篩漏，面對它，我們不免生崇敬的心情。

論語全書可以用「言簡意賅」一言以蔽之。以我們今天學生在課堂上做筆記來看：老師旁徵博採、引經據典，最後下了一個結論；或因了一句話，引發思緒，大加發揮。學生在筆記上所留下的可能只是那個結論、那一句話，至於那些長篇大論、記筆記的人，自可因那個結論或那句話而勾勒心頭；但這個筆記對旁人可就真摸不著頭緒了。孔子時，書作的工具還很缺乏，記的人當然只能把孔子言語中最主要的意思、最重要的幾句話記錄下來；這幾句話每每包涵很豐富的意思，真是詞約義豐、深入淺出；讀來簡短的幾句話，每每含有很深的哲理。由於論語是語錄體，所以不像公文，公告形式的尚書那麼「佶屈聱牙」；又由於論語詞約義豐，所以讀後餘味無窮，使人受益終身。在中國的古籍中，論語是一部老少咸宜的作品：幼童啓蒙後可以爲記誦的書籍，而年齡漸增，世事經歷，論語就予人更深的領會、更深的感受；這真是一部歷久彌新的中華寶典。

後人重視論語，自然是因爲論語是唯一反映孔子思想的作品，而孔子的思想在中國哲學史上的價值，是不容懷疑的。我們從論語所載孔子的話中，得到許多有關爲學、做人、處世、治事的寶貴敎訓。當然在論語中，有的篇章我們不能十分懂得：

子謂公冶長，「可妻也；雖在縲紲之中，非其罪也。」以其子妻之。（公冶長）

公冶長是孔子的弟子。妻，音ㄑㄧˋ，作動詞用；是把女兒給人爲妻。縲、紲都是繩索的名稱，是用來拘罪人的東西。禮記曲禮下：「子於父母。」注：「言『子』，通男女。」這章「以其子」的「子」指孔子的女兒。「妻之」的「之」指公冶長。孔子這裏只說「公冶長可妻」，並沒有說可妻的理由。皇疏引范寧曰，「公冶行正獲罪，罪非其罪；孔子以女妻之，將以大明衰世用刑之枉濫，勸將來實守正之人也。」我們想孔子說公冶長可妻，當另有原因，決不是因爲「罪非其罪」的緣故。「縲紲」兩句，是爲公冶長辯白的話；可能有人因公冶長獲罪而懷疑這個婚配的，所以孔子爲他辯白。「以其子妻之」一句，是記言的人補記的話，孔子女兒和公冶長的婚禮可能在孔子說「可妻也」以後，也可能在說這話以前。若是「以後」，更可後到幾個月或幾年；皇疏以爲是：「評之既竟，而遂以女嫁之。」這個說法實不足取。至於說公冶長以解鳥語而獲罪的故事（見皇疏引），自然是好事者僞造的，更不足取！

有的篇章，我們根本不懂：

色，斯舉矣！翔而後集。曰，「山梁雌雉，時哉！時哉！」子路共之；三嗅而作。（鄉黨）

朱注：「言鳥見人之顏色不善，則飛去。回翔審視而後下止；人之見幾而作，審擇所處，亦當如此。然此上下，必有闕文矣。邢氏曰，『梁，橋也。時哉，言雉之飲啄得其時。子路不達，以爲時物而共具之。孔子不食；三嗅其氣而起。』晁氏曰，『石經嗅作戞；謂雉鳴也。』劉聘君曰，『嗅，當作狊；古闃反，張兩翅也。見爾雅。』愚按：如後兩說，則共字當爲拱執之義。然此必有闕文，不可強爲之說；姑記所聞以俟知者。」呂氏春秋審己篇：「故子路揜雞而復釋之。」子路揜雞復釋的故事，在戰國時必已流行，所以呂氏春秋引以爲說。但，論語這段文字，是根據這個故事而撰的呢？或這個故事是爲解釋論語這段文字而造的呢？我們現在已難斷定了。這章文字難曉，必不是資質高明的人的手筆；另一方面，這段文字在鄉黨篇末，恐是後人附加進去的，而不是當時隨從孔子的人所記的原文。朱注既錄邢疏，又存晁劉二說，而且一再強調「必有闕文」；除了使讀者多識前哲的義訓外，又示以蓋闕的識度。朱注的嘉惠後學，此爲一端。此外如：憲問篇：子曰作者七人矣。微子篇：逸民章、周有八士章等：有的記錄過於簡略，我們無法得其真義，有的篇章形同遊戲文字，我們似不必強爲之解；凡是這類篇章，我們自以闕疑爲妥。

六、我們讀論語

孔子的思想，其可貴者在於：放諸四海而皆準，傳之百代以爲宜；孔子的思想，在當然固然爲振聾發聵的木鐸，就是時至今日，乃然可以做爲我們言行的準則。我們讀論語總有一種感受：言語極簡單，道理很平實；其中沒有危言惑衆，更沒有無窮高論。

我們有一種理念：我們想要提高人類生活的品質、改善社會的秩序，教育是最可靠的手段。我們想孔子必也是基於這種認識，而提倡學——以身作則、有教無類。孔子提倡仁恕，只是提醒人們：只要從最平實、最根本的日常生活、日常活動做起，以改善人和人的關係。投一顆石子入池水，部分水分子受撞及，却波及其他水分子、引起騷動——我們看見了水面的淪漣；同樣的，一個人的行爲每每影響旁人，所以我們要將心比心，想想別人的感受，「己所不欲，勿施於人。」恕道是也。仁是孔子心目中最高的德行，我們看孔子很少以仁許人，可以知道爲仁之不易。爲仁的不易並不是仁之爲道可望不可及、高不可攀，困難發生在人很難有恆——一件很容易的事，若無恆心也不易做到。事實上孔子從不唱高調，仁雖是人生的最高德行，却只要「克己復禮」就是仁。克己，自然是克制自我、約束自我；復禮，是依禮而行。孔子時禮壞樂崩，「事君盡禮，人以爲諂也。」孔子因此提倡禮，以減少違禮越分的事情，使社會循序漸進、合情合理。（禮樂記：「禮也者，理之不可易者也。」）政治是管理衆人的事，那真是龐雜無端、千頭萬緒，但是孔子告訴我們：「政者，正也。」多麼簡單明瞭！一個幹政治的人，本身正了，天下還會不正嗎?!如果幹政治的人，其身不正，那怎麼正人?!中國人講孝道，總說孝順；孔子倒沒主張人子當一味順親，也不以爲天下無不是的父母！孔子以爲：父母有不對的地方，我們就要婉言勸諫，如果父母不聽，我們也要堅持我們的立場，決不輕言放棄：子曰，「事父母，幾諫；見志不從，又敬而不違；勞而不怨。」（里仁）看來，孔子是相當具理性的人——孔子見出愚孝並不是眞孝！

當然由於時、空的改變，有些言語對我們已經沒有意義；比如：子曰，「父在觀其志；父沒觀其行。三年無改於父之道，可謂孝矣！」（學而）這是說觀察人子孝不孝的方法。但這個人子，是指繼承君位（包括諸侯和卿大夫）的人講，並不是指普通平民講；這種語言已經失去時代意義，我們只好置而不講。另外，孔子有許多關於祭的語言，因爲時過境遷，我們不能十分明白，自以闕疑爲好。

「有德者必有言。」像孔子那樣的人，一生自然有許多很富智慧的言語；而經常由於記錄的人能夠把握說話時的氣氛、言語的精髓，因此論語有許多精采篇章。比如：或問禘之說。子曰，「不知也。知其說者之於天下也，其如示諸斯乎！」指其掌。（八佾）禘是古代一種祭的名，關於這種祭的情形我們不得而知——孔子時也有人不知道！孔子說話時指著自己的手掌，所以「斯」即指孔子的手掌。關於孔子不答禘之問的理由，我們雖不明白，但透過這二十八字的記錄，我們好像看見孔子低垂雙目，以手指掌的神情。我們讀史記，感覺史記不但是史書也是文學作品，因爲透過太史公的記述，古人都起死回生、宛然猶在！論語雖然反應了孔子的言行，但透過這些記錄，使我們彷彿也列坐講堂、沐浴春風。這本書的第七部分——各言其志，就是以文學的眼光來抒寫的。

程子說，「凡看論語，非但欲理會文字，須要識得聖賢氣象。」如果我們「未讀時是此等人，讀了後又只是此等人，便是不曾讀。」（程子說）「哲人日已遠，典型在夙昔，風簷展書讀，古道照顏色。」（文天祥正氣歌）讓我們彼此互勉。

『中國歷代經典寶庫』《青少年版》出版的話

一個中國古典知識大眾化的構想

◉高上秦

許多討論或研究中國文化的學者，大概都承認一樁事實：中國文化的基調，是傾向於人間的；是關心人生，參與人生，反映人生的。我們的聖賢才智，歷代著述，大多圍繞著一個主題，治亂興廢與世道人心。無論是春秋戰國的諸子哲學，漢魏各家的傳經事業，韓柳歐蘇的道德文章，程朱陸王的心性義理；無論是貴族屈原的憂患獨歎，樵夫惠能的頓悟衆生；無論是先民傳唱的詩歌、戲曲、村里講談的平話、小說……等等種種，隨時都洋溢著那樣強烈的平民性格、鄉土芬芳，以及它那無所不備的人倫大愛；一種對平凡事物的尊敬，對社會家國的情懷，對蒼生萬有的期待，激盪交融，相互輝耀，繽紛燦爛的造成了中國。平易近人、博大久遠的中國。

可是，生爲這一個文化傳承者的現代中國人，對於這樣一個親民愛人、胸懷天下的文明，這樣一個塑造了我們、呵護了我們幾千年的文化母體，可有多少認識？多少理解？又有多少接觸的機會，把握的可能呢？

一般社會大衆暫且不提，就是我們的莘莘學子、讀書人，受了十幾年的現代教育以後，究竟讀過幾部歷代的經典古籍？瞭解幾許先人的經驗智慧？當年林語堂先生就曾感嘆過，現在的大學畢業生，連「中國幾種重要叢書都未曾見過」，遑論其他？

特別是近年以來，升學主義的壓力，耗損了廣大學子的精神、體力；美西文明的風行，導引了智識之士的思慮、習尚；電視、電影和一般大衆媒體的普遍流通，更造成了一個官能文化當道，社會價值浮動的生活形態。美國學者雷文孫所說的當代世界是一個「沒有圍牆的博物館」，固然鮮明了這一現象，但眞正的問題，却在於我們的根性尚未紮穩，就已目迷五色的跌入了傳播學者所批評的「優勢文化」的輻射圈內，失去了自我的特質與創造的能力。

何況，近代的中國還面對了內外雙重的文化焦慮。自內在而言，白話文學運動固然開發了俚語俗言的活力，提升了大衆文學的地位，覺悟到社會羣體的知識參與力，却相對的減損了我們對中國古典知識的傳承力；以往屬於孩童啓蒙的「小學」教育，屬於讀書人必備的「經學」常識，都在新式教育的推動下，變得無比艱澀與隔閡了。自外在而言，五四以來的西化怒潮，不斷開展了對西方經驗的學習，對傳統意識的批判，意興風發的營造了我們的時代感覺與世界精神，爲我們的現代化打下了一定程度的基礎；它也同時疾風迅雨般衝刷著中國備受誤解的文明，削弱了我們的文化認同與歷史根源，使我們在現代化的整體架構上模糊了著力的點，漫漶了精神的面。

將近五十年前，國際聯合會教育考察團曾對我國教育作過一次深入的探訪，在報告書中，一針見血的指出：歐洲力量的來源，經常是透過古代文明的再發現與新認識而而達至；中國的教育也理當如此，才能眞實發揮它的民族性與創造性。

事實上，現代的學術研究，也紛紛肯定了相似的論點。文化人類學所剖示的，每一個文化都有它的殊異性與持續性；知識社會學所探討的，一個文化的强大背景與典範人物，常常是新一代創造者的「支援意識」的能源；而李約瑟更直截了當的說，除了科技以外，其他文化的成果是沒有普遍性的。在這裏，當我們回溯了現代中國的種種內在、外在與現實的條件之餘，中國文化風格的深透再造，中國古典知識的普遍傳承，更成了炎黃子孫無可推卸的天職了。

「中國歷代經典寶庫」青少年版的編輯印行，就是這樣一份反省與辨認的開展。

在中國傳延千古的史實裏，我們也都看到，每當一次改朝換代或重大的社會變遷之餘，都有許多沈潛會通的有心人站出來，顚沛造次，心志不移的汲汲於興滅繼絕的文化整理、傳道解惑的知識普及——孔子的彙編古籍、有教無類，劉向的校理衆書、編目提要，鄭玄的博古知今、遍註羣經；乃至於孔穎達的「五經正義」，朱熹的「四書集註」，王心齋的深入民衆、樂學教育……他們或以個人的力量，或由政府的推動，分別爲中國文化做了修舊起廢、變通傳承的偉大事業。

民國以來，也有過整理國故的呼籲、讀經運動的倡行；商務印書館更曾經編選印行了相當數量、不同種類的古書今釋語譯。遺憾的是，時代的變動太大，現實的條件也差，少數提倡者的陳義過高，拙於宣導，以及若干出版物的偏於學術界或知識份子的需要；這一切，都使得歷代經典的再生，和它的大衆化，離了題，觸了礁。

當我們著手於這項工作的時候，我們一方面感動於前人的努力，一方面也考慮了當前的需求，從過去疏漏了的若干問題開始，提出了我們這個中國古典知識大眾化的構想與做法。

我們的基本態度是：中國的古典知識，應該而且必須由全民所共享。它們不是知識份子的專利，也不是少數學人的獨寵，我們希望它能進入到大眾的生活裏去，也希望大衆都能參與到這一文化傳承的事業中來；何況，這些歷代相傳的經典，又有那麼多的平民色彩，那麼大的生活意義——說得更澈底些，這類經典，大部份還是平民大衆自身的創造與表現。大家怎麼能眼睜睜的放棄了這一古典寶藏的主權呢？

爲此，我們邀請的每一位編撰人，除了文筆的流暢生動外，同時希望他能擁有古典的與現代的知識，並且是長期居住或成長於國內的專家、學者，對當前現實有一適當的理解與同情。在這基礎上，歷代經典的重新編撰，方始具備了活潑明白、深入淺出、趣味化、生活化的蘊義。

也是爲此，我們首先爲這套書訂定了「青少年版」的名目。我們也曾考慮過一些其他的字眼，譬如「國民版」、「家庭版」等等，研擬再三，我們還是選擇了「

青少年版」。畢竟，這是一種文化紮根的事業，紮根當然是愈早愈好。在最有吸收力、閱讀力的年歲，在最能培養人生情趣和理想的時候，我們的青少年朋友就能與這些清澈的智慧、廣博的經驗爲友，接觸到千古不朽的思考和創造，而我們所謂的「中國古典知識大衆化」，才不會是一句口號。

這也意味了我們對編撰人寫作態度的懇盼，以及我們對社會羣體的邀請。但願透過這樣的方式，讓中國的知識、中國的創作，能夠回流反哺，回到每一個中國家庭裏，使每一位具有國中程度以上的中華子民，都喜愛它、閱讀它。

我們深深明白中國文化的豐美，它的包容與廣大。每一時代，每一情境，都有不同的創作與反省；它們或驚或嘆、或悲或喜，或溫柔敦厚、或鵬飛萬里，雖然形式多端、訴求有異，卻絲毫無損於它們的完美與貢獻。這也就確定了我們的選書原則：盡可能的多樣化與典範化。像四庫全書對佛典道藏的排斥，像歷代經籍對戲曲小說的貶抑，甚至多數人都忽略了的中國的科技知識、經濟探討、敦煌遺墨，都是我們所不願也不宜偏漏的。

就這樣，我們在時代意義的需求、歷史價值的肯定、多樣內容的考量下，從廿五萬三千餘册的古籍舊藏裏，歸納綜合，選擇了目前呈現在諸位面前的六十五部經典。這是我們開發中國古典知識能源的第一步，希望不久的將來，我們能繼續跨出第二步、第三步……

我們所以採用「經典」二字爲這六十五部書的結集定名，一方面是——說文解字所解釋的，「經」是一種有條不紊的編織排列；廣韻所說的，「典」是一種法，一種規則。它們的交織運作，正可以系統的演繹了中國文化的風格面貌，給出我們日常行爲的規範，生活的秩序，情感的條理。另一方面——也是採用了章太炎先生的說法：它們是「當代記述較多而常要翻閱的」一些書。我們相信，中國文化的恢宏壯麗，必須在這樣的襟懷中才能有所把握。

與這個信念相表裏，我們在這六十五部經典的編印上，不作分類也不予編號。這套經典對我們是一體同尊的，改寫以後也大都同樣親切可讀，我們企冀於提供的，是一套比較完備的古典知識。無論古代中國七略四部的編目，或現代西方科技分類的正名，都易扭曲了它們的形象，阻礙了可能的欣賞，這就大大違反我們出版這套書的諦旨了。

但在另一重意義上，我們却分別爲舊典賦予了新的書名，用現代的語言烘托原書的精神，增進讀者對它的親和力；當然，這也意味了它是一種新的解釋，是我們以現代的編撰形式和生活現實來再認的古典。

也是在這種實質的，閱讀的要求下，我們不得不對原書有所去取，有所融滙與變通。譬如，原典最大的「資治通鑑」，將近三百卷的皇皇巨著，本身就是一個雄偉的書中帝國，一般大衆實難輕易的一窺堂奧。新版的「帝王的鏡子」做了提玄勾要的梳理，形式也類同袁樞「通鑑紀事本末」的體裁，把它作了故事性的改寫，雖然字數濃縮了，却在不失原典題旨的照顧下，提供了一份非專業的認知。其他的部份經典，也有類似的寫法。這方面，歐美出版界倒有不少可供我們借鑑的例子。遠的不談，就以湯恩比的「歷史研究」來說，前六册出版了未及十年，桑馬威爾就爲它作了濃縮至六分之一的大衆節本，暢銷一時，並曾獲得湯氏本人的大大讚賞。我們的作法雖不必盡同，但精神却是一致的。

再如原書最少的老子「道德經」，這部被美國學者蒲克明肯定爲未來大同世界家喻戶曉的一部書，短短五千言，我們却相對的擴充、闡釋，完成了十來萬字的「生命的大智慧」。又如「左傳」、「史記」、「戰國策」等書，原有若干重疊的記述，經過編撰人的相互研討，各有删節，避免了雷同繁複。……由於歷代經典的繽紛多彩，體裁富麗，筆路萬殊，各編撰人曾有過集體的討論，也有過個別的協調，分別作成了若干不同的體例原則，交互運用，以便充分發皇原典精神，又能照顧現實需要，爲廣大讀者打出一把把邁入經典大門的鑰匙。

無論如何，重新編寫後的這套書，畢竟仍是每一位編撰者的心血結晶，知識成果。我們明白，經典的解釋原有各種不同的學說流派，在重新編寫的過程裏，每一位編撰者的參酌採用，個人發揮我都寄寓了最高的尊重。

除了經典的編撰改寫以外，我們同時蒐集了各種有關的文物圖片千餘幀，分別編入各書。在這些「文物選粹」中，也許更容易讓我們一目了然的感知到中國：那樣樸素生動的陶的文化，剛健恢宏的銅的文化，溫潤高潔的玉的文化，細緻優美的瓷的文化；那些刻寫在竹簡、絲帛上的歷史，那些遺落在荒山、野地裏的器物；那些意隨筆動的書法，那文章，那繪畫……正如浩瀚的中國歷代經典一般，那一樣不足以驚天地而泣鬼神？那一樣不是先民們偉大想像與勤懇工作的結晶？看起來，它們是一幅幅獨立存在的作品，一件件各自完整的文物，然而它們每一樣都代表了中國，都煥發出中國文化緜延不盡的特質。它們也和這些經典的作者一樣，是彼此相屬、相生、相成的。

這套書，分別附上了原典或原典精華，不只是强調原典的不可或廢，更在於牽引有心的讀者，循序漸進，自淺而深。但願我們的青少年，在舉一反三、觸類旁通之餘，更能一層層走向原典，去作更高深的研究，締造更豐沛的成果；上下古今，縱橫萬里，爲中國文化傳香火於天下。

是的，我們衷心希望，這套「中國歷代經典寶庫」青少年版的編印，將是一扇現代人開向古典的窗；是一聲歷史投給現代的呼喚；是一種關切與擁抱中國的開始；它也將是一盞盞文化的燈火，在漫漫書海中，照出一條知識的，遠航的路——

也許，若干年後，今天這套書的讀者裏，也有人走入這一偉大的文化殿堂，與先聖先賢並肩論道，弦歌不輟，永世長青的開啓著、建構著未來無數個世代的中國心靈！

歷史在期待。

（民國六十九年歲末於臺灣臺北）

附記：雖然，編輯部同仁曾盡了最大的力氣，但我們知道，這套書必然仍有不少缺點，不少無可避免的偏差或遺誤。我們十分樂意各界人士對它的批評、指正，這不僅是未來修訂時的參考，也將是我們下一步出版經典叢書的依據。

【開卷】叢書古典系列
中國歷代經典寶庫 **論語**

編撰者——宋淑萍
校　對——宋淑萍・張心靈
董事長
發行人——孫思照
總經理——莫昭平
總編輯——林馨琴
出版者——時報文化出版企業股份有限公司
10803台北市和平西路三段240號三樓
發行專線——（02）2306-6842
讀者服務專線——0800-231-705・（02）2304-7103
讀者服務傳眞——（02）2304-6858
郵撥——19344724 時報文化出版公司
信箱——台北郵政79～99信箱
時報悅讀網——http://www.readingtimes.com.tw
電子郵件信箱——liter@readingtimes.com.tw

印　刷——偉聖印刷股份有限公司
袖珍本50開初版——一九八七年元月十五日
三版一刷——一九九五年十二月十日
三版十二刷——二〇一一年三月二十四日
袖珍本59種65冊
定價新台幣單冊100元・全套6500元

⊙行政院新聞局局版北市業字第八〇號

ISBN 957-13-1564-8

國立中央圖書館出版品預行編目資料

論語：中國人的聖書 / 宋淑萍編撰. -- 二版.
-- 臺北市：時報文化, 1995[民84]印刷
面； 公分. -- (開卷叢書・古典系列)(中國歷代經典寶庫；1)
ISBN 957-13-1564-8(50K平裝)

1.論語 - 通俗作品

121.22 84000397